언약으로 본
창세기

언약으로 본 창세기

인 쇄   2016년 9월 6일
지은이   강익수
펴낸곳   홀리메이슨
주 소   충남 아산시 득산로41번길 49-16
전 화   010-3759-9192
            070-8888-4916
팩 스   041-533-4916

ISBN 979-11-958428-0-3 03230

★「HOLY MASON」은 아산임마누엘교회에서 운영하는 출판사입니다.

연약으로 본 창세기

GENESIS - SEEN WITH THE COVENANT

HOLY MASON BOOKS

저자

강익수

✝OLY MASON

먼저 하나님께 영광을 돌립니다!

저는 구원받은 하나님의 자녀이며 그리스도 예수의 종으로 부름을 받아 세계복음화의 대열에서 헌신하고 있는 전도자입니다. 부교역자 생활을 하다가 도서·벽지로 가서 개척을 하려고 기도하던 중에 지금의 교회를 개척하였습니다. 무연고지에서 산속에 돗자리를 펴고 동네 아이들을 불러서 목회를 시작한 지 벌써 20년이 넘었습니다. 충분한 인턴십을 하지 않고 목회를 하면서 시행착오도 많았습니다. 제가 시행착오를 할 때마다 그 대가(代價)는 성도들의 몫이었습니다. 지금 생각하면 너무 죄송하다는 생각이 듭니다. 많은 분들이 제가 섬기는 교회를 거쳐 가셨는데 정확한 복음을 제대로 전달하지 못한 빚을 지고 있습니다. 그 빚을 갚는다는 심정으로 책을 출간하게 되었습니다.

사실은 처음부터 책을 쓰려고 한 것이 아니었습니다. 교회와 선교현장에서 강의한 내용을 원하는 전도자들이 있어서 녹취자료를 제공하려고 했습니다. 그러다 출판을 통해 문서선교를 하시는 이지영 목사님과 만남의 축복을 통해 수정하고 보안하는 작업을 거쳐서 책으로 출간하게 되었습니다.

서점에 가거나 인터넷 검색을 하면 책의 종류가 너무 많아서 어떤 책을 읽어야 할지 몰라 고민을 할 때가 많습니다. 그러나 우리가 인생 작품을 남겨서 후대들에게 언약을 전달해야 한다는 사명감으로 기도하며 출간하게 되었습니다.

이 책을 읽다보면 성경을 읽는 느낌이 들 것입니다. 그만큼 성경이 말씀하고자 하는 것을 전달하는데 목적을 두었기 때문입니다. 신앙생활의 기준은 성경이요 성경의 기준은 그리스도라는 사실을 전제로 책을 쓰게 되었습니다.

PART 1은 성경 전체를 언약의 관점으로 설명했습니다. PART 2는 창세기를 중심으로 성경 전체와 교회사 속에 흐르는 언약의 흐름을 설명했습니다. PART 3은 반복되는 실패의 원인과 회복의 길을 설명했습니다. PART 4는 부모와 후대를 위한 언약기도문을 실었습니다. 너무 많은 이야기로 내용이 길어지면 독자들이 핵심을 놓치거나 지루하다는 생각이 들 것 같아서 적당한 분량으로 마무리를 하다 보니 충분하게 설명이 되지 않아 이해되지 않는 부분들도 있으리라 생각합니다. 그러나 분명한 사실은 언약 중심으로 설명을 하고자 하였습니다.

성경 66권은 예수 그리스도에 관한 내용입니다. 구약 39권은 오실 메시아에 대한 예언이고 신약 27권은 오신 그리스도와 다시 오실 그리스도에 관한 내용입니다. 성경 66권의 핵심이자 뼈대입니다. 그래서 다양한 것을 설명하지 않고 오직 그리스도 중심으로 펼쳐지는 구원의 역사를 설명하는데 충실하고자 했습니다. 여자의 후손으로 오셔서 인간의 근본문제인 창세기 3장의 원죄문제를 해결하신 그리스도가 이 책의 주인공이십니다. 그래서 신학자가 복음이 아닌 다른 것을 전달하면 교회가 종교화 됩니다. 종교화된 교회는 우상을 숭배하는 것과 똑같습니다.

목회자가 성도들에게 복음이 아닌 다른 것을 전달하면 종교인을 만드는 것입니다. 그래서 종교통합 운동을 하는 목회자들이 나오게 되고 교인들은 아무 생각 없이 맹목적으로 따라가는 것입니다. 소경이 소경을 인도하면 둘 다 구덩이에 빠지게 되는 것입니다. 그 구덩이가 무엇이냐가 중요합니다. 멸망의 구덩이, 저주의 구덩이, 실패의 구덩이에 빠지게 되는 것입니다. 다른 복음을 전하면 하늘에서 온 천사라도 저주를 받게 된다는 사도 바울의 외침이 큰 울림으로 목회자들과 성도들에게 들려져야 합니다. 세상에 태어나게 된 이 작은 책이 우리의 미래를 살리고 시대의 재앙을 막을 후대들에게 언약을 전달하는 데 도움이 되었으면 좋겠다는 간절한 소망이 담겨 있습니다.

이 책이 나오기까지 영상을 보고 녹취를 해준 김은혜 자매, 교정을 봐준 강윤지 자매와 표지 디자인을 맡아서 수고해준 서혜진 자매에게 감사하고 부족한 저를 300% 후원해 주신 모든 성도님들과 특별히 물질적인 후원을 해주신 성도들께 깊은 감사를 드립니다. 『후원자 / 윤 홍 장로 유광재 안수집사 김상운 사장 정순애 권사 조동열 집사 예명수 집사 최성경 집사 강윤지 청년 최성령 청년 이에스더 클로이 마르코 에스더바로스』. 특별히 우리의 도움을 받아야 될 어린 후대들이 오히려 문서선교 후원에 동참하는 것을 보고 가슴이 뭉클해집니다. 그리고 복음 운동하는 일에 든든한 후원자인 제 아내 양정애 사모와 두 딸 에스더와 지혜에게도 고마운 마음을 전합니다.

더구나 출간을 한지 몇 개월 만에 절판이 되어 증보판을 출간하게 되었습니다. 많은 분들이 책을 구매해 주시고 선물하신다고 한 권에서 몇십 권까지 구매를 해주셨습니다. 그리고 영국, 프랑스, 독일, 중국, 스페인, 케냐, 탄자니아, 일본, 미국, 러시아, 베트남 호주 등 여러 나라의 선교사님들에게도 전달이 되어 문서선교의 응답을 누리게 되었습니다.

마지막으로 이 책을 통해 작은 수익금이라도 발생한다면 후대들을 후원하는데 100% 사용하도록 하겠습니다. 모든 영광을 하나님께 돌립니다. 감사합니다.

2016. 8. 20. 강익수 목사

| 서문 |

PART 1 언약의 관점으로 본 성경 66권

I. 구약성경 구분 24
II. 신약성경 구분 29

PART 2 언약의 관점으로 본 창세기

I. 창조언약 51
II. 생명언약 64
III. 인류역사 최악의 사건 72
IV. 원죄사건 74
V. 은혜언약 80
VI. 가죽옷 언약 83
VII. 참된 예배 86
VIII. 다른 씨 언약 94
IX. 언약의 후대를 키워라 97
X. 네피림 시대 방주 언약 101
XI. 무지개 언약 108
XII. 셈에게 전달된 언약 111
XIII. 바벨탑 121
XIV. 믿음의 조상 아브라함 126
XV. 언약을 누린 이삭 134
XVI. 전도의 비밀이 담긴 야곱 141
XVII. 그리스도의 계보를 이어간 유다 151
XVIII. 언약의 사람 베레스 163
XIX. 세계복음화의 주역 요셉 167

PART 3 반복되는 실패의 원인과 회복의 길

Ⅰ. 언약을 놓쳐 애굽의 노예가 된 이스라엘……………………………178

Ⅱ. 언약을 놓쳐 바벨론의 포로가 된 이스라엘……………………………181

Ⅲ. 언약을 놓쳐 로마의 속국이 된 이스라엘……………………………184

Ⅳ. 언약을 놓친 중세시대……………………………189

Ⅴ. 복음과 전도운동이 실종된 현대교회……………………………191

Ⅵ. 마지막 남은 사역……………………………193

PART 4 언약기도문

■ 영접기도문……………………………198

■ 인생 스케줄 누림 기도……………………………199

■ 전도자의 가정에 주신 이면계약 누림 기도……………………………203

_ 이 책의 저술을 마치면서

PART 1

GENESIS - SEEN WITH THE COVENANT

언약의 관점으로 본 성경 66권

성경은 예수 그리스도에 대하여 증언하고 있습니다.

"너희가 성경에서 영생을 얻는 줄 생각하고 성경을 연구하거니와 이 성경이 곧 내게 대하여 증언하는 것이니라"(요 5:39). 아멘.

성경을 기록한 목적은 "예수가 그리스도"라는 사실을 증언하기 위함입니다.

"오직 이것을 기록함은 예수께서 하나님의 아들 그리스도이심을 믿게 하려 함이요 또 너희로 믿고 그 이름을 힘입어 생명을 얻게 하려 함이라"(요 20:31). 아멘.

하나님의 뜻은 예수가 그리스도이심을 전달하는 것입니다.

"그들이 날마다 성전에 있든지 집에 있든지 예수는 그리스도라 가르치기와 전도하기를 그치지 아니하니라"(행 5:42). 아멘.

집중해서 말씀을 통해 하나님의 음성을 들었으면 좋겠습니다. 우리 모두가 하나님이 주신 힘을 가지고 말씀 받고, 그 힘을 가지고 찬양할 때 놀라운 일이 일어날 것입니다. 집중해서 기도를 했습니다. 오순절 마가다락방에 임하신 그 성령께서 동일하게 역사하실 줄 믿습니다.

"하나님의 말씀은 살아 있고 활력이 있어 좌우의 날선 어떤 검보다도 예리하여 우리의 혼과 영과 및 관절과 골수를 찔러 쪼개기까지 하며 또 마음의 생각과 뜻을 판단하나니 지으신 것이 그 앞에 나타나지 않음이 없고 우리의 결산을 받으실 이의 눈앞에 만물이 벌거벗은 것 같이 드러나느니라"(히 4:12~13).

하나님의 말씀은 우리의 영혼을 치유하십니다. 정신문제도 치유하십니다. 육신 문제와 삶의 문제도 치유하고 회복시키십니다. 에스겔 37장에는 하나님의 말씀이 대언(代言)될 때에 그 마른 뼈들이 여호와의 군대가 되는 환상을 보여주셨습니다. 하나님의 말씀은 마른 뼈 같은 인생을 그리스도의 강한 군사로 세우십니다.

PART 1에서는 성경 66권 전체를 보도록 하겠습니다. 신앙생활은 하루 이틀 하는 것이 아니라 예수를 믿는 순간부터 천국 가는 날까지 지속되는 것입니다. 학교는 졸업이 있지만 신앙생활은 졸업이 없습니다. 한 번 구원받은 사람은 영원히 신앙생활하는 것입니다. 그러므로 가장 근본적인 것을 알고 누려야 합니다.

지금도 '알라신과 하나님은 같다'라고 하는 목회자들이 있습니다. '가는 길이 달라서 그렇지 목표에 도달하면 한 분이다'라고 가르칩니다. 종교통합을 주장할 수밖에 없는 이유입니다. 이런 정신 나간 일부 사람들이 신학교 교수나 목회를 하고 있습니다. 앞으로 영적인 큰 혼란이 오게 될 것입니다. 신학교는 목회자를 배출하는 곳입니다. 잘못된 신학과 사상을 가진 목회자를 배출하는 것은 교회의 재앙입니다. 사탄이 교회 안에 가라지를 심은 것입니다. 교인들은 목회자의 영향을 받습니다. 교인들의 영혼 속에 독초를 심는 것과 같습니다. 그래서 교회에 오래 다닌 사람일수록 영적인 힘이 없고 무기력하게 살다 세상을 떠나게 됩니다. 이때 승리하려면 정확한 복음의 말씀이 있어야 합니다. 정리된 말씀이 있어야 합니다. 누구를 만나든지 정확한 복음을 전달할 수 있을 만큼 메시지가 정리되어 있어야 합니다.

이단은 성경 가지고 다른 이야기를 하는 사람들입니다. 우리나라에 이단 문제가 심각한 수준입니다. 이단들이 교회를 우습게 여기고 있습니다. 이단들의 특징은 정상적인 교회를 비방하고 가정을 파괴하며 헌금을 강요하여 삶을 무너뜨립니다. 심지어는 자신이 메시야라고 공개적으로 발언하여 물의(物議)를 일으킨 이단의 교주들도 있습니다. 복음이 정리가 안 되면 이단들에게 다 넘어갑니다. 이단이란 적그리스도의 영을 받은 자들입니다. 적그리스도의 영을 받은 사람들을 알아야 합니다. 요한1서 4장 3절에 "예수를 시인하지 않는 영마다 하나님께 속한 것이 아니니 이것이 적그리스도의 영이니라" 예수님이 자기 백성을 그들의 죄에서 구원할 자이심을 부인하는 자는 적그리스도의 영을 받은 것입니다. 요한2서 1장 7절에는 "미혹하는 자가 세상에 많이 나왔나니 이는 예수 그리스도께서 육체로 오심을 부인하는 자니 이런 자가 미혹하는 자요 적그리스도니"라고 했습니다. 하나님께서 사람의 몸을 입고 이 땅에 오신 것을 부인하는 자는 적그리스도의 영을 받은 것입니다. 요한2서 1장 10절부터 11절에는 "이런 사람들은 집에 들이지도 말고 인사도 하지 말라 그에게 인사하는 자는 그 악한 일에 참여하는 자임이라"라고 하였습니다. 이단의 영을 받은 사람들은 인맥이나 인간적인 정을 이용하여 사람들에게 접근을 하여 넘어뜨립니다. 인간의 영혼을 사냥하는 사냥꾼들입니다. 그러므로 성경은 교제하는 것도 금하고 있는 것입니다. 예수께서 그리스도이심을 믿는 자마다 하나님께로부터 난 자입니다(요일 5:1). 우리는 영을 분별하는 능력을 가지고 있어야 합니다. 말세 때는 미혹하는 자들이 일어나 "나는 그리스도라 하여 많은 사람을 미혹"하기 때문입니다. 예수께서 그리스도이심을 믿는 자만이 하나님께로부터 난 자입니다. 성경의 기준이 하나님의 기준입니다. 예수님만이 그리스도이십니다.

그리스도이신 예수님을 믿어야 구원을 받습니다. 이 진리는 변하지 않습니다.

이슬람교는 자기들의 교리를 따르지 않는 사람에게는 거짓말을 하고 폭력을 행사하고 죽여도 괜찮다고 가르칩니다. 전 세계에서 테러를 일으키는 것이 어릴 때부터 잘못 각인된 것 때문입니다. 우리나라에도 정통교회 간판을 달고 위장교회를 세워서 사람들을 미혹하는 이단들이 있습니다. 이슬람교도들처럼 자신들의 교리를 전파하고 세력을 확장하기 위해서는 온갖 거짓말을 합니다. 요한복음 8장 44절에 마귀는 거짓말쟁이요 거짓의 아비라고 예수님께서 직접 말씀하셨습니다. 진리가 그 속에 없으므로 거짓말을 할 수밖에 없는 것입니다. 무서운 심판을 받게 될 것입니다. 거짓말쟁이 마귀에게 붙잡힌 증거입니다. 이웃을 해하려고 거짓말을 하는 자들입니다. 영적인 도둑입니다. 영혼을 도둑질하고 죽이고 멸망시키는 자들입니다.

예수를 믿어야 되는 이유가 여기에 있습니다. 요한일서 3장 8절에 "죄를 짓는 자는 마귀에게 속하나니 마귀는 처음부터 범죄함이라 하나님의 아들이 나타나신 것은 마귀의 일을 멸하려 하심이라" 만왕의 왕이신 그리스도께서 마귀의 일을 멸하려고 오셨습니다.

이단은 사탄의 영을 받은 것입니다. 사탄은 대적자입니다. 하나님을 대적하게 만드는 존재입니다. 사탄은 이간질시키는 자요 분리시키는 자요 분쟁하게 만드는 자입니다. 결국은 망하는 것입니다. 오직 복음만이 이단의 영을 받은 자들을 살릴 수 있습니다. 그리스도는 사탄과 저주와 지옥의 권세를 꺾으셨습니다. 아멘.

저는 어렸을 때부터 교회를 다녔지만 성경을 거의 읽어 본 적이 없었습니다. 읽어도 전혀 의미를 알지 못했습니다. 복음을 모르고 종교생활을 했기 때문에 당연한 일이기도 했습니다. 스물다섯 살에 인격적으로 주님을 만나게 되었습니다. 하나님께서 제가 성경을 안 읽을 것을 아시고 교회 안에서 작은 모임이 시작되게 하셨습니다. 성경을 읽고 암송하는 모임이었습니다. 성경을 읽고 암송을 하다 보니 정말 좋았습니다. 그래서 성경을 읽는 모임을 일주일에 한 번씩 했는데 너무 좋으니까 양을 늘려갔습니다. 성경일독에 도전을 했습니다. 정말 좋았습니다. 약 십 년 동안 지속했습니다. 그래도 정확한 복음은 보이지 않았습니다. 성경을 일독하면 은혜 받은 것이 일주일 정도 지속되었습니다. 일주일 지나면 또 갈급해졌습니다. 지금 생각하면 굉장한 발판이 되어서 감사한 일입니다. 그러나

무조건 성경을 많이 읽는다고 복음이 깨달아지는 것은 아닙니다.

제가 전도사 시절에도 하나님께서 많은 은혜를 주셨습니다. 밤을 지새우며 성경을 읽다가 새벽기도 간 적이 종종 있었습니다. 성경을 덮을 수가 없었습니다. 꿀송이 같이 달아서 한 장만 더 읽어야지 하다가 새벽 기도를 가기도 했습니다. 성경을 읽다가 감격스러워 울기도 하고 깨달아지면 아내에게 설명을 해주기도 했습니다. 그러나 갈급한 것은 해소(解消)되지 않았습니다. 그러다가 전도자를 만나 복음을 듣게 되었습니다. 한번 들었는데 그 희미하게 보였던 복음이 아주 선명(鮮明)하게 보였습니다. 정말 유쾌하고 상쾌하고 통쾌했습니다. 망설일 이유가 없었습니다. 진리의 복음이 선명하게 보이니까 망설이지 않았습니다. 그때부터 지금까지 달려왔습니다. 말씀을 듣다 보니 언약의 관점에서 성경이 정리되었습니다. 하나씩 깨닫게 만드셨습니다. 오직 하나님의 은혜입니다.

제가 창세기 강의를 처음 시작한 배경입니다. 우리 교역자가 동기들과 선배들과 후배들에게 메시지를 전해달라고 부탁하여 교회에서 이박삼일 동안 수련회를 했습니다. 복음이 아닌 신비주의, 율법주의가 각인된 사람들을 초청해서 창세기 강의를 했습니다. 이박삼일 짧은 기간에 그분들이 변화되는 것이 눈에 띄었습니다. 그분들이 변화되는 모습을 보고 성도(聖徒)들이 우리에게도 창세기 강의를 해달라고 요청해서 시작이 된 것입니다. 그래서 일 년에 한 번씩 전교인 수련회를 하면서 창세기를 통하여 언약을 전달하여 각인시키는 사역을 해왔습니다.

그 후 일 년에 한 번씩 교회 안의 후대들과 함께 선교현장으로 비전트립(vision trip)을 다니게 된 것이 언약을 각인시키는 절호의 기회였습니다. 낮에는 현장을 보여주고 저녁이 되면 집중적으로 창세기 강의를 했습니다. 후대들이 서로 앞자리 앉으려고 뛰어가는 모습을 봤습니다. 한번은 선교지 교회가 상가건물이라 시간이 되면 문을 닫아야 해서 사람들이 나가야 하는 상황이었습니다. 그래서 메시지를 간단하게 할 수밖에 없었습니다. 후대들이 저에게 메시지를 자세하게 해주시지 왜 간단하게 하시냐고 물었습니다. 저는 이런 후대들의 고백을 들으면서 감사했습니다.

그리고 또 한 번은 대만으로 비전트립(vision trip)을 가기로 했는데 여행사 실수로 완전히 취소되었습니다. 그것도 비전트립 떠나기 며칠 전이었습니다. 후대들은 짐을 다 싸놓은 상태였고 막막했습니다. 제가 후대들에게 이야기했습니다. 비전트립을 못 가게 되었다고 말하니 후대들이 공황(panic) 상태에 빠졌습니다. 가방까지 챙겼는데 못 가게 된다고 하니 허탈했겠지요.

교회에서 비용을 지불하고 국내에서 수련회를 하자고 했습니다. 수련원에서 창세기 강의를 하고 후대들이 포럼(forum)을 했는데 그 포럼이 제 마음속에 담겼습니다. "우리가 만약 대만으로 비전트립을 갔으면 못 가는 친구들이 많아서 이런 메시지를 못 들었을 건데 국내에서 하니까 대만에 못가는 친구들까지 와서 메시지를 듣게 되니 감사하다. 이게 하나님의 계획인 것 같다."라고 고백했습니다. 후대들에게 감사한 마음이 들었습니다. 사건과 문제들 속에서도 하나님의 계획을 보는 후대들이 정말 감사했습니다. 그래서 하나님이 후대들을 일으키시고 후대 운동을 하도록 메시지를 폭포수 같이 쏟아부으시는 것을 깨닫게 되었습니다.

하나님이 꼭 필요한 시간에 필요한 분들에게 필요한 메시지를 받

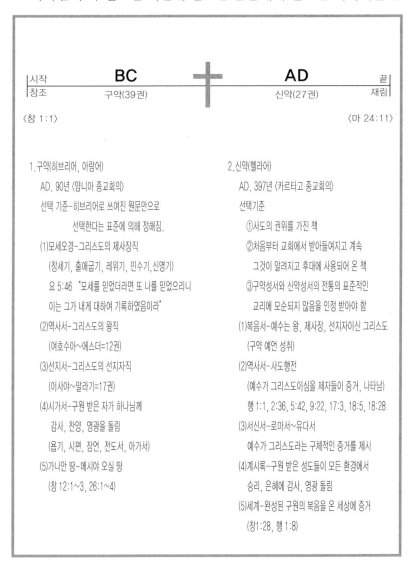

도록 역사하실 줄 믿습니다.

　모든 피조물은 창조로부터 시작되었습니다. 이것은 하나님께서 인간에게 허락하신 시간입니다. 다른 말로 하면 역사라고 합니다. 하나님이 창조하신 피조물들에게 허락하신 시간입니다. 굉장히 중요합니다. 창세기 1장 1절에 "태초에 하나님이 천지를 창조하시니라" 이 말씀이 왜 이렇게 중요합니까? 지금 세상의 모든 학문과 과학 체계가 진화론을 바탕으로 만들어졌습니다. 부모들이 자녀에게 동화책을 사줄 때 복음으로 재해석을 못 해줄 정도면 사주지 않는 것이 낫습니다. 동화책을 보면 동물을 의인화시켜 놨습니다. 그것이 진화론을 바탕으로 만들어졌기 때문입니다. 그래서 태어나면서부터 진화론 교육을 받고 성장합니다. 사탄이 만들어 놓은 진화론 교육을 받고 성장하는 것입니다. 그럼 뇌(腦) 구조가 어떻게 되겠습니까? 대학까지 나왔는데 여기에다 창조론을 집어넣으려고 하니 맞지 않는 것입니다. 부작용(trouble)이 생기는 것입니다. 창조가 믿어지지 않고 거짓말 같이 들리는 것입니다. 이렇게 인간을 철저하게 거짓말로 속게 만들었습니다. 하나님을 부정하도록 만듭니다. 하나님을 대적하도록 만듭니다.

　후대들은 진화론이 학문이기 때문에 배워야 합니다. 그러나 하나님이 만물을 창조하셨다는 사실을 진리로 믿어야 됩니다. 진화론을 주장하는 사람까지도 하나님이 만드셨다는 사실입니다. 여기서 모든 것이 시작됩니다.

　창조라는 단어가 히브리어로 바라(bara)입니다. "바라"라는 단어는 무(無)에서 유(有)를 창조했다는 뜻입니다. 그리고 시작이 있다는 말은 분명히 끝이 있다는 것입니다. 세상과 인류의 끝은 언제입니까? 예수님의 재림 때입니다. 마태복음 24장 14절입니다. "이 천국 복음이 모든 민족에게 증언되기 위하여 온 세상에 전파되리니 그제야 끝이 오리라" 그래서 "시작과 끝이요 처음과 나중이요 알파와 오메가"라고 말하는 것입니다. 그런데 생각을 해보십시오. 시작과 끝 날까지 얼마나 많은 사람이 태어나고 죽겠습니까? 그리고 얼마나 많은 문제와 사건이 터지겠습니까?

지구 역사상 가장 큰 사건 하나가 있습니다. 그 사건이 바로 예수 그리스도가 이 땅에 오신 것입니다. 예수 그리스도는 누구십니까? 바로 하나님이십니다. 하나님께서 사람의 몸을 입고 이 땅에 오셨습니다. 성육신(Incarnation)이라고 합니다. 하나님이 육신을 입으셨습니다. 인류 역사의 가장 큰 사건입니다. 하나님이 사람의 몸을 입고 사람의 역사 속으로 찾아오신 것입니다. 무엇 때문에 이렇게 하셨습니까? 사람이 해결할 수 없는 문제가 지구 상에 생긴 것입니다.

하나님께서 사람이 해결할 수 없는 문제를 직접 해결하시기 위하여 사람의 몸을 입고 이 땅에 오신 것입니다. 그분이 예수 그리스도이십니다. 사람이 해결할 수 없는 그 문제가 도대체 무엇입니까? 그것은 창세기 3장 사건 즉, 원죄 사건입니다. 그 문제는 사람이 절대 해결할 수 없습니다. 문제를 해결하려고 몸부림치는 것 자체가 종교입니다. 종교로는 해결이 안 됩니다. 하나님만이 해결하실 수 있습니다.

예수 그리스도가 이 땅에 오시면서 역사가 나뉘었습니다. 예수 그리스도가 오시기 전 역사를 B.C(Before Christ)라고 합니다. 주(主) 전 또는 기원전이라고 표현합니다. 예수 그리스도가 오시기 전입니다. 그리고 예수님이 구약에 예언된 그대로 오셨습니다. 이것이 A.D (Anno Domini)입니다. 기원 후 또는 주(主) 후라고 표현합니다. 굉장히 중요합니다. 역사를 영어로 하면 히스토리(history)입니다. 더 정확히 말하면 히즈 스토리(his story)입니다. 그의 이야기입니다. 그가 누구입니까?

예수 그리스도이십니다. 역사공부를 하면서 역사의 주인공이 누구인지 모르는 사람들이 많이 있습니다. 역사란 그의 이야기입니다. 그가 그리스도입니다. 그래서 어떤 역사학자는 "그리스도가 빠진 역사는 역사가 아니다"라고 했습니다. 정확하게 본 것입니다.

예수 그리스도가 오신다는 사실을 기록한 책이 구약 성경입니다. 놀랍지 않습니까? 예수님이 오셨다는 사실과 다시 오실 것이라는 사실이 기록된 것이 신약 성경입니다. 구약 39권의 주인공이 예수 그리스도입니다. 오실 그리스도 설명입니다. 그리고 예수님이 초림(初臨)하셨고 다시 오실 것을 기록한 책이 신약 성경입니다. 신약 성경의 주인공도 예수 그리스도이고, 구약 성경의 주인공도 예수 그리스도이십니다. 역사의 주인공도 예수 그리스도이십니다. 예수 그리스도가 없는 인생은 하나님이 보실 때 없는 인생입니다. 무(無)입니다. 없습니다. 인생의 존재 가치가 없습니다. 우리의 중심 속에 그분이 계시다면 최고로 가치 있는 인생인 것입니다. 바울은 고린도후서 4장 7절에 보배이신 그리스도를 질그릇 속에 담았다고 말했습니다.

그릇의 가치는 내용물입니다. 무엇이 담기느냐에 따라서 그릇의 가치가 달라집니다. 구약 성경은 39권으로 되어 있고 1500년 동안에 기록되었습니다. 대부분 히브리어로 기록되었고 약간의 아람어가 있습니다. 한 사람이 기록한 것이 아닙니다. 약 40여 명의 저자들이 동원되었습니다. 성령의 감동을 받아 기록하였습니다. 그러므로 원 저자는 성령이십니다. 역사의 주인공이시며 구약과 신약의 주인공이신 예수님을 구주로 영접할 때에 신분과 권세와 운명이 바뀝니다. 영접하는 순간 창세기 3장부터 내려오는 모든 저주와 재앙이 무너집니다. 영적으로 B.C에서 A.D로 바뀝니다.

고린도후서 5장 17절에 "그런즉 누구든지 그리스도 안에 있으면 새로운 피조물이라 이전 것은 지나갔으니 보라 새 것이 되었도다" 영적인 DNA까지 바뀝니다. 놀라운 축복입니다. 이것을 복음(福音)이라고 하는 것입니다.

Ⅰ. 구약성경 구분

구약성경은 이렇게 구분할 수 있습니다. 첫째는 **모세오경**입니다. 모세오경은 창세기부터 신명기까지 다섯 권의 책을 말합니다. 모세가 기록해서 모세오경이라고 합니다. 핵심만 붙잡으면 됩니다. 모세오경의 열쇠(key)는 제사장입니다. 제사장이 하는 일이 무엇입니까? 죄(罪) 문제를 해결하는 것입니다. 죄 문제는 양을 잡아 해결합니다. 양의 피로 하나님 앞에서 죄 문제를 해결하는 것입니다.

히브리서 9장 22절에 "율법을 따라 거의 모든 물건이 피로써 정결하게 되나니 피 흘림이 없은즉 사함이 없느니라"라고 했습니다. 그러나 성경을 자세히 보면 제사장들도 죄를 범합니다. 제사장들도 죄로 인하여 오는 저주를 영구적으로 해결하지 못합니다. 그래서 참 제사장이 오셔야만 된다는 사실을 강하게 암시(暗示)하고 있습니다. 이것이 모세 오경의 핵심입니다.

요한복음 5장 46절에 "모세를 믿었더라면 또 나를 믿었으리니 이는 그가 내게 대하여 기록하였음이라"라고 하셨습니다. "모세는 그리스도를 위하여 받는 수모를 애굽의 모든 보화보다 더 큰 재물로 여겼으니 이는 상 주심을 바라봄이라"(히 11:26).

모세는 그리스도를 믿었습니다. 그리스도를 위하여 수모를 당했습니다. 그리스도에 관하여 기록했습니다. 후대에게 그리스도의 언약을 전달하였습니다. 참 성공자입니다. 유대인들은 모세의 이름을 입에 달고 다니면서도 그리스도를 믿지 아니하는 영적 무지 속에 살고 있습니다. 복음을 깨닫는 것은 하나님의 은혜로만 가능함을 알게 됩니다. 예수 그리스도는 참 제사장이십니다. 아멘.

두 번째는 **역사서**입니다. 역사서는 여호수아서부터 에스더서까지 열두 권입니다. 역사서의 핵심은 왕입니다. 복잡하게 생각하지 마십시오. 선한 왕, 악한 왕, 업적이 큰 왕, 업적이 없는 왕, 오래 산 왕, 짧게 산 왕입니다. 결국 왕들의 이야기입니다. 대표적인 왕은 다윗, 솔로몬, 히스기야, 요시야 같은 사람이 있습니다. 왕의 일은 통치하는 것입니다. 하나님의 나라가 무엇이라고 생각하십니까? 하나님의 통치의 영역이 미치는 곳은 하나님의 나라입니다. 그리고 대적으로부터 보호하는 것이 왕이 하는 일입니다. 그런데 왕도 실수합니다. 다윗은 우리아의 아내를 취하고 솔로몬은 나라를 우상에 빠뜨리기도 하였습니다. 왕(王)도 영구적으로 인생문제를 해결하지 못합니다. 참 왕이 오셔야만 될 것을 강하게 암시(暗示)합니다. 그래서 우리의 원수요 대적인 사탄의 머리를 깨뜨리셔야 합니다. 이것을 그림자와 예언으로 계속 보여주고 있는 것입니다.

언약궤가 다윗 성으로 입성하실 때 왕복을 벗어던지고 일반 백성들이 입는 베옷을 입고 춤을 추면서 만왕의 왕이신 그리스도를 찬양했던 것입니다. 그리고 다윗은 성전을 건축하여 참 왕이신 그리스도를 만왕의 왕으로 영원히 섬기기를 원했습니다.

예수 그리스도는 참 왕이십니다. 아멘.

세 번째는 **선지서**가 있습니다. 선지서는 이사야서부터 말라기서까지입니다. 대(大) 선지서 다섯 권과 소(小) 선지서 열두 권이 있습니다. 열일곱 권의 책을 "선지서"라고 합니다. 선지서의 핵심은 말 그대로 선지자입니다. 선지자가 하는 일은 하나님을 떠난 백성들이 하나님을 만날 수 있도록 길을 안내해주는 것입니다. 그런데 역시 선지자들도 실수를 하고 죄를 지었습니다. 이것도 역시 영구적이지 않습니다. 영구적으로 인생 문제를 해결할 수 없습니다. 그래서 참선지자가 오셔야 하는 것입니다. 하나님 만나는 참된 길을 알려줘야 되기 때문입니다. 인간은 하나님의 형상대로 창조된 영적인 존재이기 때문에 하나님을 만나지 않고는 그 무엇으로도 행복할 수가 없습니다. 그래서 삼십사 권의 책은 오실 메시야(그리스도)에 대한 예언입니다. 메시야(그리스도)가 이렇게 오실 것을 그림자로 보여주는 것입니다. 구약 성경은 예언입니다. 그림자입니다. 삼십사 권이 오실 메시야에 대한 예언으로 가득 차 있습니다. 그러므로 구약 성경을 설명하면서 예수 그리스도를 설명하지 않는 것은 죄입니다. 다른 복음을 전하면 하늘에서 온 천사라도 저주를 받습니다(갈 1:6~9). 예수 그리스도는 참 선지자이십니다. 아멘.

　네 번째는 **시가서**가 있습니다. 욥기서부터 아가서까지 다섯 권의 책을 시가서라고 합니다. 시가서의 핵심도 오실 메시야에 대한 예언입니다. 그림자만 붙잡아도 구원을 받습니다. 그리고 구원받은 것을 감사와 찬양으로 모든 영광을 하나님께 돌리는 것입니다. 우리의 공로가 아닌 하나님의 은혜로 받은 구원이기 때문에 모든 영광을 하나님께 돌리는 것입니다. 하나님께서는 어떤 피조물에게도 영광을 **빼앗기지** 않으십니다. 하나님의 영광을 도적질 하려고 했던 천사가 타락하여 마귀가 되었고, 헤롯은 충이 먹어 비참하게 최후를 맞이했던 것입니다. 오직 모든 영광은 하나님 홀로 받으셔야 합니다.
　예수 그리스도는 우리의 영원한 찬양이십니다. 아멘.

　구약 39권의 중요한 핵심이 있습니다. 바로 **이정표(里程標)**입니다. 가나안 땅입니다. 아브라함이 지구가 생기고 최초로 메시야가 오실 땅을 발로 밟고 기다린 사람입니다(창 12:1~9). 그래서 아브라함을 믿음의 조상이라고 합니다. 아브라함이 약속의 땅에서 메시야를 기다리는 그 기쁨으로 산 것입니다.
　"너희 조상 아브라함은 나의 때 볼 것을 즐거워하다가 보고 기뻐하였느니라"(요 8:56).
　아브라함의 후손들이라고 하면서 예수 그리스도를 믿지 않는 유대인들은 영적으로 무지한 것입니다. 더구나 이슬람교를 믿는 모슬렘들도 아브람의 후손이라고 하면서 그리스도를 선지자 중의 한 사람으로 치부하는 영적인 소경들입니다. 사탄이 완전하게 눈을 어둡게 만들어 버린 것입니다. 다른 복음을 믿고 있는 것입니다. 다른 복음을 전하면 반드시 저주를 받게 됩니다. 중동과 세계에서 일어나고 있는 전쟁과 테러는 분명히 저주입니다.

창세기를 보면 아브라함의 후손들이 다 가나안 땅 베들레헴에 묻혔습니다. 참 놀랍지 않습니까? 그 말은 후손들까지 메시야(그리스도)를 기다렸다는 증거입니다. 더 놀라운 것은 오실 메시야를 기다리는 그 믿음만 가지고 있는데 흑암이 박살났습니다. 모든 저주가 무너졌습니다. 재앙이 무너지고 지옥 권세가 무너졌습니다. 이런 응답을 하나님이 우리에게도 주셨습니다. 이 언약이 각인되고, 뿌리내리고, 체질화되면 세계복음화의 주역으로 쓰임 받습니다. 아멘.

Ⅱ. 신약성경 구분

이제 신약 성경을 보십시오. 신약 성경은 27권입니다. 27권은 100년에 걸쳐서 기록되었습니다. 헬라어로 기록되었습니다. 시대마다 복음을 설명하기 위해서 언어를 사용하십니다. 그래서 후대들은 복음을 모든 민족에게 전하기 위하여 언어를 준비해야 합니다. 언어를 주신 이유는 하나님께는 찬양과 기도를 드리고 사람들에게는 복음을 전하는 것입니다.

제일 먼저 나오는 것이 **사복음서**입니다. 사복음서의 핵심은 "우리가 믿는 예수가 그리스도시다"입니다. 구약에 예언된 그분이 오셨는데 그분이 그리스도시라고 증언하고 있습니다.

마태복음의 핵심은 참 왕입니다. 마태복음 1장 1절에 보면 "아브라함과 다윗의 자손 예수 그리스도의 세계라"라고 했습니다. 아브라함은 믿음의 조상입니다. 다윗은 하나님이 세우신 왕입니다. 다윗의 후손으로 오셨다는 것을 설명하고 있습니다. 정통성을 가지고 오셨다는 것입니다. 이것을 더 구체적으로 보여준 것이 마태복음 4장입니다. 예수님이 마귀에게 시험을 당하신 사건입니다. 이 사건은 굉장히 중요합니다. 예수님이 마귀의 시험을 이기셨습니다. 바로 이것입니다. 마귀를 이길 수 있는 분은 참 왕이신 그리스도 밖에 없음을 보여주고 있는 것입니다. 첫째 아담은 에덴동산에서 마귀의 시험에 졌습니다. 실패했습니다. 그 결과 모든 인류가 실패하고 저주받고 죄인이 되었습니다(창세기 3장). 그러나 둘째 아담으로 오신 예수 그리스도께서 첫째 아담을 실패시켰던 그 사탄의 시험을 이기셨습니다. 그리고 십자가에 죽으심으로 사탄의 머리를 박살 내셨습니다. 이것이 마태복음 4장입니다. 그리고 마태복음 28장 18절에 보면 "하늘과 땅에 있는 모든 권세를 내게 주셨으니" 하늘과 땅의 모든 권세가 그리스도에게 있습니다. 그 권세를 가지고 사탄을 박살 내신 것입니다. 예수님을 믿어야 사탄을 이길 수 있습니다. 첫째 아담의 실패는 나의 실패요. 둘째 아담이신 예수님의 승리는 곧 나의 승리입니다. 예수 그리스도께서 참 왕이심을 전달하는 것이 전도요 선교입니다. 아멘.

마가복음의 핵심은 참 제사장입니다. 예수 그리스도는 참 제사장입니다. 마가복음 10장 45절에 보면 대속(代贖) 제물로 오셨습니다.

"인자가 온 것은 섬김을 받으려 함이 아니라 도리어 섬기려 하고 자기 목숨을 많은 사람의 대속(代贖)물로 주려 함이니라"

우리가 죽어야 하는데 우리의 죄를 짊어지고 대속(代贖) 하셨습니다. 죄를 알지도 못하신 분이 우리의 죄를 대신 짊어지고 죽으신 것입니다. 이것이 아가페의 사랑입니다. 세상의 사랑은 모두 조건부입니다. 하나님의 사랑은 조건이 없는 사랑입니다. 대제사장으로써 단 한 번의 죽으심으로 영원한 속죄를 이루신 것입니다. 예수 그리스도께서 참 제사장이심을 전달하는 것이 전도요 선교입니다. 아멘.

누가복음은 사복음서 중에 예수님의 생애를 가장 자세하게 기록한 책입니다. 누가복음의 핵심은 참 선지자 되신 그리스도입니다. 구약시대의 선지자는 하나님 만나는 길을 안내하였습니다. 그러나 그리스도는 하나님을 만나는 길로 오셨습니다. 어디서 하나님 만나는 길을 여셨습니까? 십자가입니다. 우리의 모든 문제는 끝난 것입니다. 그 증거로 부활하셨습니다. 부활은 예수님이 그리스도시라는 증거를 보여주신 것입니다. 지금 살아 계시다는 증거입니다. 사탄을 이겼다는 증거입니다. 죄를 이겼다는 증거입니다. 지옥의 권세를 이겼다는 증거입니다. 하나님이시라는 증거입니다. 이것이 부활입니다. 이천 년 전에 완성된 복음을 가지고 찾아오셨습니다.

구원의 축복을 가지고 찾아오셨습니다. 부활하신 주님이 성령으로 찾아오신 것입니다. 우리는 예수 그리스도를 마음속에 영접하면 됩니다. 그러면 부활하신 주님이 성령으로 우리 마음속에 들어오십니다.

"너희는 너희가 하나님의 성전인 것과 하나님의 성령이 너희 안에 계시는 것을 알지 못하느냐"(고전 3:16).

그리스도를 주인으로 영접할 때 기적이 일어납니다. 재창조의 역사가 일어납니다. 새로운 피조물이 되는 축복을 받게 되는 것입니다.

"그런즉 누구든지 그리스도 안에 있으면 새로운 피조물이라 이전 것은 지나갔으니 보라 새 것이 되었도다"(고후 5:17).

예수님을 믿는다는 말은 예수님이 그리스도라는 사실을 믿는 것입니다. 예수님이 그리스도의 일을 하신 곳이 십자가입니다. 그리스도라는 증거를 보이신 것이 부활입니다. 그분이 믿는 자에게 성령으로 찾아오셨습니다. 그리고 믿는 모든 사람 속에 성령으로 들어오십니다. 이것을 분여(分與)라고 합니다. 언제까지 함께 하십니까? 영원토록 함께 하십니다.

"내가 아버지께 구하겠으니 그가 또 다른 보혜사(保惠師)를 너희에게 주사 영원토록 너희와 함께 있게 하리니 그는 진리의 영이라 세상은 능히 그를 받지 못하나니 이는 그를 보지도 못하고 알지도 못함이라 그러나 너희는 그를 아나니 그는 너희와 함께 거하심이요 또 너희 속에 계시겠음이라"(요 14:16~17).

그 말은 한 번 받은 구원은 영원한 것입니다. 여러분이 천만 번 실수해도 하나님의 자녀입니다. 바뀌지 않습니다. 누구도 바꿀 수 없습니다. 구원에 대한 확신을 가져야 합니다. 구원에 대한 감사와 감격이 회복되어야 합니다. 영적인 자부심과 자긍심과 자존심을 가지고 십자가의 도(구원의 길)를 전달해야 합니다.

"십자가의 도가 멸망하는 자들에게는 미련한 것이요 구원을 받는 우리에게는 하나님의 능력이라"(고전 1:18).

이때 부활하신 주님이 성령으로 역사하십니다. 예수님을 믿으면서 왜 이렇게 갈등이 많은지 모르겠습니다. 예수님을 그리스도로 믿는 것 자체가 끝입니다. 두려워하지 마시고, 놀라지도 마시고 염려하지 마십시오. 이사야 41장 10절에 "두려워하지 말라 내가 너와 함께 함이니라 놀라지 말라 나는 네 하나님이 됨이라 내가 너를 굳세게 하리라 참으로 너를 도와주리라 참으로 나의 의로운 오른손으로 너를 붙들리라" 약속하셨습니다. 하나님이 함께 하시면 끝입니다. 하나님께서 도우시면 됩니다. 하나님의 의로운 오른손으로 붙드시면 절대로 실패하지 않습니다. 구원을 받은 사람은 하나님께서 책임지십니다. 예수 그리스도가 참 선지자이신 것을 전달하는 것이 전도요 선교입니다. 아멘.

요한복음의 핵심은 "예수님은 곧 하나님이시다"입니다. 놀라운 비밀입니다. 놀라운 선포입니다. 하나님이 육신을 입고 이 땅에 오셨는데 무엇 때문에 육신을 입고 오셨습니까? 이것이 중요한 것입니다. 창세기 2장 17절입니다. "선악을 알게 하는 나무의 열매는 먹지 말라 네가 먹는 날에는 반드시 죽으리라" 하나님이 말씀하신 것은 반드시 성취되어져야 합니다. 창세기 3장에 보면 하나님이 금하신 선악을 알게 하는 나무의 실과를 따먹었습니다. 선악과를 먹은 결과로 인간은 반드시 죽어야 합니다. 인간이 살 수 있는 길은 하나 밖에 없습니다. 누군가 대신 죽어줘야 합니다. 조건이 있습니다. 죄가 없어야 합니다. 그런데 지구상에 있는 모든 인간은 죄인입니다.

"기록된바 의인은 없나니 하나도 없으며"(롬 3:10).

"모든 사람이 죄를 범하였으매 하나님의 영광에 이르지 못하더니"(롬 3:23).

"죄의 삯은 사망이요 하나님의 은사는 그리스도 예수 우리 주 안에 있는 영생이니라"(롬 6:23).

아담의 후손은 안 됩니다. 아담의 후손은 원죄를 가지고 태어나기 때문에 법적으로 죄인입니다. 그래서 여자의 후손이 오셔야 됩니다. 동정녀 마리아에게서 탄생을 하셔야 합니다. 그 이유는 성령으로 잉태해서 사람의 몸을 입으셔야 되기 때문입니다. 죄 없는 육신을 가지고 오셔야 되기 때문입니다. 그래야 우리의 죄를 대신 짊어질 수 있습니다. 세상 죄를 대신 짊어진 장소가 바로 요단강입니다. 세례요한의 손이 예수님의 머리로 올라갈 때 세상 죄가 전가(轉嫁)되었습니다. 이때부터를 공생애라고 합니다. 구원자로서의 공적인 사역은 세상 죄를 짊어진 때부터입니다. 그리고 어디서 끝내셨습니까?

요한복음 19장 30절에 "다 이루었다" 십자가에서 끝내셨습니다. 십자가에서 과거, 현재, 미래문제까지 끝내셨습니다. 십자가에서 원죄, 자범죄, 조상의 죄까지 다 끝내셨습니다. 여러분 속지 마십시오. 다 끝났습니다. 하나님의 기준은 십자가의 복음입니다. 우리의 행위가 아닙니다. 이사야 64장 6절에 보면 "사람의 의는 더러운 옷과 같다"라고 했습니다. 어떻게 우리가 의로울 수 있습니까?

하나님께서는 오직 그리스도만을 의롭게 여기십니다.

그래서 그리스도의 피가 아니면 의롭게 될 수 없습니다. 우리를 의롭게 하는 것은 그리스도의 보혈(寶血) 밖에 없습니다. 그 보혈의 능력을 믿는 믿음을 의롭게 여기십니다. 성경을 많이 읽고, 기도를 많이 하고, 헌금을 많이 하고, 전도를 많이 한 것이 우리의 의가 될 수 없습니다.

오직 의(義)의 기준은 그리스도이십니다. 그 의(義)가 되시는 그리스도를 믿는 자를 의롭다 여기시는 하나님이십니다. 사도 바울은 로마서 3장 21절부터 22절에 이제는 율법 외에 하나님의 한 의가 나타났다고 했고, 그 의는 바로 그리스도라고 밝히고 있습니다. 갈라디아서 2장 16절에는 "사람이 의롭게 되는 것은 율법의 행위로 말미암음이 아니요 오직 예수 그리스도를 믿음으로 말미암는 줄 알므로 우리도 그리스도 예수를 믿나니 이는 우리가 율법의 행위로써가 아니고 그리스도를 믿음으로써 의롭다 함을 얻으려 함이라 율법의 행위로써는 의롭다 함을 얻을 육체가 없느니라"라고 했습니다.

성경은 그리스도를 설명하는 책입니다. 요한복음 20장 31절에 "오직 이것을 기록함은 예수께서 하나님의 아들 그리스도이심을 믿게 하려 함이요 또 너희로 믿고 그 이름을 힘입어 생명을 얻게 하려 함이니라"라고 하셨습니다. 그리스도가 설명 안 되면 큰일 납니다. 그리스도가 아니면 인간의 근본문제인 사탄과 죄와 하나님을 떠난 문제는 영원히 해결이 안 됩니다.

그리스도인들이 이런 비밀을 가지고 있으면 교회 안의 모든 문제는 끝납니다. 부모가 그리스도의 비밀을 알면 가정과 가문의 문제와 후대 문제는 끝납니다. 예수 그리스도는 참 하나님이십니다. 아멘.

예수 그리스도께서 참 하나님이심을 전달하는 것이 전도요 선교입니다. 아멘.

신약 성경에도 **역사서**가 있습니다. 사도행전입니다. 사도행전의 핵심은 "예수가 곧 그리스도"라는 사실을 증언합니다. 공생애 때 예수가 그리스도라는 사실을 확인하고 체험한 제자들이 성령의 충만을 받고 나서 예수가 그리스도시라고 증언합니다. 놀라운 것은 그 증거들이 계속 나타납니다. 사도행전 3장에서부터 28장까지입니다. 사도행전 3장은 창세기 3장 사건입니다. 그것을 보여주고 있는 것입니다. 초대교회가 어떻게 인간의 근본문제를 해결하는가를 보여주고 있는 것입니다. 그 무엇(돈, 선행, 봉사)으로도 해결되지 않던 사람이 그리스도 이름으로 해결되었습니다. 사도행전 3장 사건은 보통 사건이 아닙니다. 그냥 병자 고쳤다는 말이 아닙니다. 단순한 기적이 일어났다는 말이 아닙니다. 그 사람의 영적 상태를 보니 하나님을 떠난 죄인이요 사탄에게 붙잡혀 저주와 재앙 가운데 있는 것이 보였습니다(창세기 3장). 해답은 사탄을 박살 내시고 죄 문제를 해결하시고 하나님을 만나는 길이 되시는 그리스도(선지자, 제사장, 왕)입니다.

세상적으로 무식한 베드로가 성령 충만하여 사도행전 3장 6절부터 8절에 "은과 금은 내게 없거니와 내게 있는 이것을 네게 주노니 나사렛 예수 그리스도의 이름으로 일어나 걸으라"라고 선포하고 오른손을 잡아 일으키니 뛰어 서서 걸으며 성전으로 들어가면서 하나님을 찬송합니다.

이사야 43장 21절에 "이 백성은 내가 나를 위하여 지었나니 나를 찬송하게 하려 함이니라" 그리스도 안에서 원래 인간의 모습이 회복되었다는 증거입니다. 하나님의 형상이 회복된 것입니다. 고린도후서 4장 4절에 "그리스도는 하나님의 형상이라"라고 했습니다.

예루살렘 성전에 모인 바리새인들은 나면서부터 못 걷게 된 사람이 불쌍해서 동정을 베풀었습니다. 동정을 베푸는 것은 좋은 것이지만 복음은 아닙니다. 성전 미문이라는 자리를 내어주고 동전 몇 푼 던져주는 것으로 끝입니다. 더 이상 아무것도 할 수 없습니다. 성전 미문에 앉아 있는 사람보다 영적인 상태가 더 안 좋은 사람들입니다.

지금도 불신자들보다 영적 상태가 좋지 않은 종교인들이 교회 안에 많이 있다는 것입니다.

초대교회의 성령 충만한 베드로와 요한은 성전 미문에 앉아 있는 사람의 영적 상태를 보았습니다. 하나님을 떠난 불신자였습니다. 죄로 인하여 저주 가운데 있는 사람이었습니다. 마귀에게 완전히 눌려있는 모습이 보였던 것입니다. 그래서 그리스도 이름을 선포했습니다. 그리스도가 답이었기 때문입니다. 일을 많이 하고 열심히 하는 것보다 더 중요한 것은 다른 사람이 보지 못한 것을 보는 것입니다. 다른 사람이 가지 못하는 곳에 가는 것입니다. 다른 사람들이 하지 못하는 일을 하는 것입니다. 나면서부터 사십 년간 한 번도 일어나 보지 못한 사람이 그리스도 이름으로 인생문제가 끝났습니다. 이것을 못 보면 현장에 있는 사람들을 살려내지 못합니다. 이것을 못 보고 전도하는 것은 교회 부흥이라는 동기 때문입니다. 장사꾼처럼 사람을 많이 모으면 성공이라고 생각하는 것입니다. 잘못된 동기를 바꾸고 인생의 근본문제를 해결해 주는 참된 복음을 전하는 전도자들이 되어야 합니다.

사도행전에 나타난 초대교회의 메시지 핵심을 보십시오. "예수는 그리스도"라고 증언합니다.

"너희가 십자가에 못 박은 이 예수를 하나님이 주와 그리스도가 되게 하셨느니라"(행 2:36).

"그들이 날마다 성전에 있든지 집에 있든지 예수는 그리스도라 가르치기와 전도하기를 그치지 아니하니라"(행 5:42).

"사울은 힘을 더 얻어 예수를 그리스도라 증언하여 다메섹에 사는 유대인들을 당혹하게 하니라"(행 9:22).

"뜻을 풀어 그리스도가 해를 받고 죽은 자 가운데서 다시 살아나야 할 것을 증언하고 이르되 내가 너희에게 전하는 이 예수가 곧 그리스도라"(행 17:3).

"실라와 디모데가 마게도냐로부터 내려오매 바울이 하나님의 말씀에 붙잡혀 유대인들에게 예수는 그리스도라 밝히 증언하니"(행 18:5).

"이는 성경으로써 예수는 그리스도라고 증언하여 공중 앞에서 힘 있게 유대인의 말을 이김이러라"(행 18:28). 예수는 그리스도이십니다. 그리스도는 모든 인생문제 해결자이십니다. 아멘.

그리고 **서신서**가 있습니다. 서신서는 로마서부터 유다서까지입니다. 편지입니다. 이 편지는 현장 메시지입니다. 사도행전을 보면 바울이 1차 2차 3차 전도여행을 하면서 많은 교회들이 지역마다 세워졌습니다. 이때에 세워진 교회에 보낸 편지들입니다. 그 지역에 딱 맞는 복음 메시지입니다. 현장 메시지인 것입니다. 서신서를 복음서의 주석서라고 표현합니다. 복음을 현장(지역)에 맞게 풀어서 보낸 것입니다. 현장에서 전도하는 전도자들은 굉장한 답이 될 것입니다.

요한계시록이 있습니다. 요한계시록의 핵심은 어떤 환난이나 핍박이 와도 승리한다는 것입니다. 그리고 요한계시록 21장부터 22장에 보면 천국이 보장되어 있습니다. 천국 가기 위해서 기도는 하지 마십시오. 예수님을 그리스도로 믿는 사람이라면 천국은 보장되었습니다. 우리가 기도해서 가는 곳이 천국이 아닙니다. 예수님을 그리스도로 믿는 믿음으로 가는 것입니다. 그 믿음은 하나님께서 선물로 주신 것입니다. 예수님을 그리스도로 믿는 자들에게 천국 시민권을 주셨습니다. 천국 시민권을 가진 사람만이 천국에 들어가게 됩니다. 또한 이 땅에 사는 동안 천국의 배경을 가지고 세계복음화의 축복을 누리게 됩니다. 구원을 받은 자들은 믿는 순간부터 영생이 시작되었음을 깨달아 합니다. 하나님의 약속입니다.

신약 성경에도 **이정표**(里程標)가 있습니다. 신약의 이정표는 세계복음화입니다. 구약 성경의 이정표와 신약 성경의 이정표의 차이는 무엇입니까? 구약 성경은 메시야(그리스도)가 오셔야 합니다. 그래서 가나안 땅에서 기다려야 합니다. 신약 성경은 왜 세계로 가야 됩니까? 그분이 오셨습니다. 십자가에서 죽으시고 부활하심으로 완성된 복음을 전하기 위해서입니다. 부활하신 그리스도께서 지상 명령을 하셨습니다.

"예수께서 나아와 말씀하여 이르시되 하늘과 땅의 모든 권세를 내게 주셨으니 그러므로 너희는 가서 모든 민족을 제자로 삼아 아버지와 아들과 성령의 이름으로 세례를 베풀고 내가 너희에게 분부한 모든 것을 가르쳐 지키게 하라 볼지어다 내가 세상 끝날까지 너희와 항상 함께 있으리라 하시니라"(마 28:18~20). 세계복음화를 위하여 일천만 제자를 세워야 합니다. 민족복음화를 위하여 사십만 제자를 세워야 합니다.

"또 이르시되 너희는 온 천하에 다니며 만민에게 복음을 전파하라 믿고 세례를 받는 사람은 구원을 얻을 것이요 믿지 않는 사람은 정죄를 받으리라 믿는 자들에게는 이런 표적이 따르리니 곧 그들이 내 이름으로 귀신을 쫓아내며 새 방언을 말하며 뱀을 집어 올리며 무슨 독을 마실지라도 해를 받지 아니하며 병든 사람에게 손을 얹은즉 나으리라 하시더라"(막 16:15~18).

"오직 성령이 너희에게 임하시면 너희가 권능을 받고 예루살렘과 온 유대와 사마리아와 땅 끝까지 내 증인이 되리라"(행 1:8)라고 명령하셨습니다.

세계복음화는 만왕의 왕이신 그리스도의 지상 명령입니다. 천명(天命)입니다. 다민족 복음화가 세계복음화의 열쇠입니다. 모든 민족, 만민, 땅 끝이 우리의 선교대상입니다. 만왕의 왕이신 그리스도의 명령을 천명(天命)이라고 합니다. 우리는 천명을 받은 사람들입니다. 그 천명을 내가 하는 업(직업, 학업) 속에서 찾으면 역사가 일어납니다. 천명을 가진 자에게 냉수 한 그릇 대접하는 것도 결단코 상을 잃지 않겠다고 약속하셨습니다.

"또 누구든지 제자의 이름으로 이 작은 자 중 하나에게 냉수 한 그릇이라도 주는 자는 내가 진실로 너희에게 이르노니 그 사람이 결단코 상을 잃지 아니하리라 하시니라"(마 10:42).

전도와 선교는 영적인 블루오션(blue ocean)입니다.

세계복음화와 예수님의 재림 사이에 하나가 있습니다. 지구 종말입니다. 이 세 가지는 똑같은 시간표에 이루어집니다. 마태복음 24장 14절에 "이 천국 복음이 모든 민족에게 증언되기 위하여 온 세상에 전파되리니 그제야 끝이 오리라" 그 끝이 예수님께서 재림

하시는 날입니다. 세계복음화가 완성되는 날입니다. 그 끝은 지구 종말입니다.

개인 종말과 시대 종말과 지구 종말이 있습니다. 개인 종말은 아담 때부터 시작되었습니다. 시대 종말은 소돔과 고모라성의 멸망과 홍수로 세상을 심판하신 사건, 폼페이 같은 도시가 용암으로 멸망한 사건을 시대 종말이라고 합니다. 예수님 재림하실 때는 지구 종말입니다.

그 날에 "주께서 호령과 천사장의 소리와 하나님의 나팔 소리로 친히 하늘로부터 강림하시리니 그리스도 안에서 죽은 자들이 먼저 일어나고. 그 후에 우리 살아남은 자들도 그들과 함께 구름 속으로 끌어올려 공중에서 주를 영접하게 하시리니 그리하여 우리가 항상 주와 함께 있으리라"(살전 4:16~17). 새 하늘과 새 땅이 내려오고 그리스도를 믿는 사람들이 들어가게 됩니다. 성경은 과학을 뛰어넘는 초과학입니다. 성경 66권을 이렇게 보면 정확합니다. 정확히 봐야 흔들리지 않습니다.

신앙생활의 기준은 성경입니다. 성경의 기준은 그리스도입니다. 그리스도는 하나님의 비밀입니다. 그리스도 안에 지혜와 지식의 모든 보화가 감추어져 있습니다.

"이는 그들로 마음의 위안을 받고 사랑 안에서 연합하여 확실한 이해의 모든 풍성함과 하나님의 비밀인 그리스도를 깨닫게 하려 함이니 그 안에는 지혜와 지식의 모든 보화가 감추어져 있느니라"(골 2:2~3).

그리스도로 충분합니다. 그리스도는 완전하십니다. 그리스도는
모든 것입니다. 그리스도가 부족하여 다른 것을 찾아다니는 사람들
을 영적인 방랑자라고 합니다.

PART 2

GENESIS - SEEN WITH THE COVENANT

언약의 관점으로 본 창세기

"구슬이 서 말이라도 꿰어야 보배"라는 말이 있습니다. 여러분들이 구슬을 가지고 있는데 이걸 꿰어서 목에다 걸어야 보배가 됩니다. 많은 사람들이 성경을 어렵다고 생각합니다. 사실은 그렇지 않습니다. 신학자나 박사 같은 사람들만 깨달으라고 성경을 준 것이 아닙니다. 성령의 감동을 받으면 낫 놓고 기역 자도 못 쓰는 사람이 깨달아지는 것이 성경입니다. 저는 실제로 한글을 모르는 분이 예수를 믿고 성경을 읽는 것을 직접 봤습니다. 하나님이 눈을 열어주셔서 다른 책은 못 읽는데 성경을 읽습니다. 언어를 만드신 분이 하나님이십니다.

제가 오랫동안 신앙생활을 했습니다. 지금까지 많은 훈련을 받았습니다. 주변 사람들 만나서 이야기를 들어보니까 말씀이 정리가 잘 안 된다고 합니다. 특히나 언약의 관점에서 말씀이 정리가 잘 안 된다고 합니다. 그래서 저는 다른 것은 말하지 않고 언약의 관점에서만 말씀을 드리려고 합니다.

왜 전도자를 세워서 한(恨)이 맺히도록 언약을 전달하셨는지 그 부분에 대해서 먼저 말씀을 드리고자 합니다.

또 하나는 사람들이 신앙생활을 하는데 자꾸 흔들립니다. 그러면서 성장을 하기도 합니다. 하지만 꼭 그런 과정을 거쳐야 됩니까? 저는 그렇지 않다고 생각합니다. 사람들이 중간에 신앙이 흔들리는 이유는 언약의 기둥이 영혼 속에 세워지지 않았기 때문입니다. 높은 건물을 세울수록 기둥이 튼튼해야 합니다. 100층, 200층 올라갈 때는 기둥이 약하면 절대 지탱을 하지 못합니다. 삼풍백화점 같이 무너지게 됩니다. 신앙생활은 잠깐이 아니라 평생 해야 되는 것입니다. 또 영원으로 이어지는 것인데 그리스도로 답을 내고 결론이 났다고 하면서도 왜 흔들려야 합니까? 오히려 귀신 들린 무당은 확신을 가지고 거짓 답을 주고 있는데 기독교인들은 방황하고 갈등하며 흔들리고 있습니다.

모슬렘들을 보십시오. 한 번 모슬렘은 영원한 모슬렘입니다. 가족 중에 다른 종교로 개종을 하면 명예살인을 합니다. 자신들의 신앙을 위하여 자폭도 주저하지 않습니다. 성스러운 전쟁이라고 하면서 테러를 저질러서 많은 사람들을 죽이고 있습니다. 비진리를 위해서 생명을 거는 사람들입니다. 비진리를 가지고도 확신을 가진 이단과 사이비 종교인들을 보면 부끄럽습니다.

복음을 가진 그리스도인들이 흔들리는 것은 언약의 기둥을 튼튼하게 세우지 못했기 때문이라고 생각합니다. 이것만 튼튼하게 세워지면 절대 흔들릴 이유가 없습니다. 어디에 내놔도 살 수 있고 현장을 살릴 수 있습니다. 창세기 전도사가 되어 버릴 수밖에 없는 이유가 있습니다. 앞에서 말씀드렸던 부분들입니다. 저도 성경을 제법 많이 읽었지만 언약이 보이지 않아 늘 갈급했습니다. 성경을 읽어보신 분들은 알 것입니다. 답이 안 나면 성경을 읽을수록 갈급해집니다. 성경 속에 구원받은 사람이 누릴 축복이 다 들어 있습니다. 성경 66권은 그리스도를 설명합니다. 다시 말씀드리면 그리스도를 말하기 위해 성경을 기록한 것입니다.

성경을 보는 첫 번째는 구속사적인 눈으로 보는 것입니다. 성경을 기록한 것은 성경공부하라고 기록한 것이 아닙니다. 하나님께서 우리 인간을 구원하시기 위해 주신 책입니다. 디모데후서 3장 15절에 바울이 디모데에게 이렇게 편지했습니다. "또 어려서부터 성경을 알았나니 성경은 능히 너로 하여금 그리스도 예수 안에 있는 믿음으로 말미암아 구원에 이르는 지혜가 있게 하느니라"

성경은 그리스도를 설명하기 위하여 기록한 책입니다. 여기서 벗어나니까 이상한 신학자들이 나오고 이상한 목회자들이 나오는 것입니다. 여기서 벗어나니 이상한 이단들이 성경을 가지고 나오는 것입니다. 그리스도보다 강조되는 것이 있다면 하나님께서 싫어하십니다. 성경 66권 가지고 그리스도보다 다른 것을 강조하면 큰일 납니다. 성경 66권 가지고 복음을 강조해야 합니다. 그리스도를 강조해야 됩니다.

부모님들은 잘 알아야 합니다. 자녀들이 조금만 잘못하면 사탄에게 속았다고 말합니다. 늘 우리가 이렇게 쉽게 이야기합니다. 그럼 이 아이 속에 무엇이 각인되겠습니까? 사탄은 위대한 존재이고 나는 사탄을 뛰어넘을 수 없다는 생각이 각인되어 사탄이 대단하게 여겨져 버립니다. 이렇게 교육시키면 나중에 자녀들에게 큰 문제가 오게 됩니다. 사탄을 이야기하려고 성경을 기록한 것이 아니고 사탄을 꺾으러 오신 그리스도를 설명한 책입니다. 그리고 자꾸 사람들이 죄(罪)를 가지고 이야기를 합니다. 죄를 강조합니다. 죄를 강조하기 위해 성경을 기록한 것이 아닙니다. 그 죄 문제를 해결하러 오신 그리스도를 강조하기 위해 쓴 책이 성경입니다. 왜냐하면 모든 사람은 죄인이기 때문입니다.

티끌 같은 죄나 태산(泰山) 같은 죄나 죄는 죄이기 때문에 죄로 인하여 심판을 받아 지옥에 가게 됩니다. 어차피 망한 인생인 것입니다. 그래서 우리에게 진짜 필요한 것은 그 죄 문제를 해결하신 그리스도입니다. 그러니 그리스도를 강조 안 하고 죄를 강조하는 것은 문제입니다. 하나님을 떠나 불행한 것은 당연한 것입니다. 이것을 강조하기 위해 성경을 기록한 것이 아닙니다. 그리스도를 강조하고 있습니다. 하나님을 만나는 길! 모든 사람이 하나님을 떠났는데 어떻게 하면 우리가 하나님을 만날 수 있는가를 전달하기 위해 기록한 책이 성경입니다. 그리스도만이 하나님을 만나는 유일한 길이 되십니다. 그래서 성경 66권을 가지고 그리스도가 전달되어야 합니다. 그리스도를 설명하지 않으면 큰 영적 문제가 오고, 영적 문제를 이길 수 없습니다.

어릴 때 정확한 복음이 각인되면 영원히 망하지 않고 승리하며 살아갈 것입니다. 정확하게 전달을 해주는 사람이 없으니 들을 수가 없는 것입니다. 이런 억울한 일이 어디 있습니까? 정확한 그리스도가 선포될 때 성령께서 역사하십니다. 성령이 역사하셔야만 이 사탄이 꺾입니다. 그 중간에서 심부름하는 것이 천사입니다. 말

씀을 이루도록 하기 위해 하나님께서 천사를 보내시는 것입니다
(시 103:20~22).

"능력이 있어 여호와의 말씀을 행하며 그의 말씀의 소리를 듣는
여호와의 천사들이여 여호와를 송축하라 그에게 수종(隨從)들며 그
에 뜻을 행하는 모든 천군이여 여호와를 송축하라 여호와의 지으심
을 받고 그가 다스리시는 모든 곳에 있는 너희여 여호와를 송축하
라 내 영혼아 여호와를 송축하라"

그러니 다른 사람의 말에 속지 말고 하나님의 음성을 들으며 살
아야 합니다.

Ⅰ. 창조언약

구 분	무대	구 분	주인공
첫째 날	빛	넷째 날	해와 달과 별
둘째 날	궁창(위의 물과 아랫물로 나누심)	다섯째 날	조류와 어류
셋째 날	땅(뭍)	여섯째 날	짐승과 사람

    사람들이 창세기를 볼 때 66권 중의 한 권이라고 생각을 합니다. 착각입니다. 창세기는 66권 가운데 한 권의 책이 아닙니다. 창세기에 나오는 사건이 계시록까지 연결됩니다. 모든 성경이 창세기 사건을 이야기하고 있습니다. 그렇다면 창세기는 성경 66권의 축소판입니다. 창세기를 보는 눈이 열리면 구약과 신약과 교회사까지 신학을 공부하지 않은 사람이라도 쉽게 정리가 됩니다. 창세기를 보면 가장 먼저 나오는 단어가 창조입니다. "태초에 하나님이 천지를 창조하시니라" 설명이 필요 없습니다. 전능하신 하나님이십니다. 온 우주 만물을 창조하신 하나님이십니다. 한마디로 끝났습

니다. 더 이상 부연 설명이 필요 없습니다. 이것을 '창조 언약'이라고 합니다. 태초에 하나님이 천지를 창조하시니라. 이 말씀이 얼마나 중요합니까? 하나님으로부터 모든 것의 시작이 되었다는 것을 알려줍니다.

요한복음 1장 3절에는 "만물이 그로 말미암아 지은바 되었으니 지은 것이 하나라도 그가 없이는 된 것이 없느니라"라고 하셨습니다. 우리가 믿는 그리스도(Jesus Christ) 이야기입니다. 그분이 없이 지음 바 된 것이 하나도 없다는 말씀입니다. 우리가 믿는 예수 그리스도는 창조주 하나님이십니다. 예수 그리스도는 만물의 주인이십니다.

이 세상은 복음이 없는 사람이 거짓 이론을 만들어 전 지구를 흑암으로 끌고 가버렸습니다. 모든 학문 체계가 진화론 바탕입니다. 이런 원통한 일이 어디 있습니까? 하나님은 전능하신데 거짓 이론이 모든 학문체계를 장악했습니다. 여러분들도 아시다시피 사람들은 교육을 받아야 합니다. 교육이 얼마나 중요합니까? 교육받은 대로 사람의 뇌구조가 형성됩니다. 거짓인데 사실인 것처럼 믿게 됩니다. 북한 사람들을 보십시오. 세상에서 제일 잘 사는 나라가 북한이라고 생각합니다. 그 이유는 어릴 때부터 거짓으로 세뇌를 당했기 때문입니다. 그러니 나중에 '창조'에 대해 말하면 부딪히게 되는 것입니다. 진화론으로 각인이 되고 뿌리가 내려져 있는데 창조를 말하니 부딪히게 됩니다. 올림픽 할 때 보면 나라를 상징하는 마스코트(mascot)는 전부 동물입니다. 우리나라 야구팀들의 마스코트도 전부 동물입니다. 사탄은 동물들을 의인화시키는 작업을 꾸준하게 해왔습니다. 그래서 마지막 때에 짐승의 표를 받는데 아무런 거부감이 없도록 만들고 있다는 생각이 듭니다.

"원숭이가 진화되어 사람이 되었다. 곰이 마늘을 먹고 사람이 되었다"는 것은 완전한 거짓말입니다. 그 결과 지금은 동물이 사람보다 더 대접을 받고 사는 시대가 되고 있습니다. 동물에게 자신의 전 재산을 상속하는 사람들이 생겨났습니다. 동물에게 옷을 입히고 미용을 해주고 아프면 병원에 가서 치료해주고 죽으면 장례식까지 치러 준다고 합니다. 심지어는 동물과 결혼을 하여 수간을 하는 사람들도 있습니다. 자신들을 낳아주고 길러주고 교육을 시켜준 부모님은 돌아보지 않으면서 동물들을 끔찍하게 생각합니다. 불교에서는 윤회설을 주장합니다. 힌두교에서는 소를 신으로 숭배하기도 합니다. 어떤 나라에는 뱀도 신으로 섬기고 있습니다. 지금도 '쥐, 소, 호랑이, 토끼, 용, 뱀, 말, 양, 원숭이, 닭, 개, 돼지' 띠라고 하는 사람들이 많습니다.

전부 진화론에서 나온 것입니다. 한 마디로 사탄의 작품입니다. 예수를 믿는 사람들도 아무 생각 없이 세상 사람들이 사용하는 띠를 사용합니다. 사탄이 우리의 영혼과 생각 속에 잘 박힌 못과 같이 각인을 시켰기 때문입니다. 예수를 믿는 사람들은 '예수 띠'입니다. 피는 '예수 보혈 형'입니다. 잘못 각인된 것들을 바꿔야 합니다. 사탄의 전략이 적중한 것입니다. 거짓된 교육을 아무런 여과장치 없이 배우면서 각인되고 뿌리내려 왔던 것입니다. 진리를 가르치고 전달할 복음 가진 교사가 많이 배출되어야 하는 이유입니다.

진화론을 주장할 당시에는 과학이 발달하지 않았습니다. 지금은 과학이 최고로 발달했습니다.

성경을 덮어두고라도 과학적으로 진화론이 거짓 이론이라는 사실이 밝혀졌습니다. 유전자(DNA)가 증명을 하고 있습니다. 쥐가 고양이가 될 수 없고, 고양이가 쥐가 될 수 없습니다. 마찬가지로 짐승이 사람이 될 수 없고, 사람이 짐승이 될 수 없다는 것이 유전자(DNA)로 밝혀졌습니다.

성경은 처음부터 하나님이 땅의 짐승을 그 종류대로 가축을 그 종류대로 만드시고 하나님의 형상대로 사람을 창조하셨다고 말씀합니다.

"하나님이 땅의 짐승을 그 종류대로, 가축을 그 종류대로, 땅의 기는 모든 것을 그 종류대로 만드시니 하나님이 보시기에 좋았더라. 하나님이 이르시되 우리의 형상을 따라 우리의 모양대로 우리가 사람을 만들고 그들로 바다의 물고기와 하늘의 새와 가축과 온 땅과 땅에 기는 모든 것을 다스리게 하자 하시고 하나님이 자기 형상 곧 하나님의 형상대로 사람을 창조하시되 남자와 여자를 창조하시고"(창 1:25~27).

그래서 우리는 하나님의 말씀인 성경으로 돌아가야 합니다. 우리의 신앙생활의 기준은 하나님의 말씀인 성경입니다. 창조 언약! "태초에 하나님이 천지를 창조하시니라" 무(無)에서 유(有)를 창조하셨습니다. 그래서 여러분이 하나님을 믿으면 창조적인 역사가 일어납니다. 하나님을 제대로 알고 복음을 깨달으면 창조적인 지혜와 능력이 생깁니다. 하나님께서 창조적인 지혜와 능력을 주시면 한계를 뛰어넘을 수 있습니다. 창조에는 분명한 원리가 있습니다. 그 원리가 성경에 기록되어 있습니다. 모든 나무는 흙 속에 뿌리를 내리고 살아야 됩니다. 새들은 공중에 날아다니며 살도록 만드셨습니다. 물고기는 물속에서 살도록 창조하셨습니다. 그리고 사람은 하나님과 함께 살도록 창조하셨습니다. 이 원리는 과학이 발달하고 세상이 변해도 바뀌지 않습니다. 창조원리는 절대로 바뀌지 않습니다. 절대적인 원리입니다. 떠나면 죽고 불행해집니다. 함께 하면 행복하게 살 수 있는 절대적인 원리입니다. 그래서 이것을 생명원리요 행복원리라고도 합니다. 무엇을 설명하고 있습니까? 사람은 하나님과 함께 살아야 행복하다는 것을 설명하는 것입니다. 사람은 하나님을 떠나 살 수 없도록 만드셨습니다. 하나님과 함께 하는 단어가 "임마누엘"입니다. 우리 인간이 가장 행복한 상태를 임마누엘이라고 표현합니다. 임마누엘의 뜻은 "하나님이 우리와 함께 계시다"입니다(마 1:23). 처음부터 우리 인간은 하나님과 함께 살도록 창조되었습니다. 다시 말하면 유일성의 축복을 받은 것입니다. 하나님과 함께 할 수 있는 비밀은 그리스도입니다. 처음부터 그리스도를 전달하려고 성경을 기록하게 하신 것입니다.

창조에는 비밀이 있습니다. 첫 번째는 창세기 1장 27절입니다.
하나님의 형상은 인간 속에만 있습니다. 다른 피조물 속에도 하나님의 형상이 있다면 문제가 달라졌겠지만 우리 인간 속에만 있습니다. 그래서 우리는 처음부터 유일성의 축복을 받은 존재입니다. 하나님의 형상을 가진 것 때문에 인간을 만물의 영장이라고 합니다. 하나님의 형상을 잃어버린 사람은 가장 불행한 사람입니다.

하나님께서 사람을 창조하실 때 아담과 하와 두 사람을 창조하셨습니다. 남자와 여자. 두 사람을 창조하셨습니다. 하나님의 형상을 가진 남자(男)와 여자(女)가 만나면 행복하게(好좋을 호) 됩니다. 남자는 어떤 존재입니까? "십자가의 도"를 말하는 힘 있는 사람이 남자입니다(十+口+力=男). 적어도 남자라면 그리스도의 십자가의 도를 힘 있게 말할 수 있는 사람이어야 합니다. 정확하게 설명할 수 있어야 합니다. 십자가의 복음을 증거 하는 힘 있는 사람이 남자입니다. 자매들은 이런 배우자를 만나야 됩니다. 다른 것을 기준으로 삼고 배우자를 선택하기 때문에 고생을 하게 되는 것입니다.

창세기 1장 27절의 말씀은 하나님이 우리에게 주신 생명과 신분을 의미합니다. "하나님이 자기 형상 곧 하나님의 형상대로 사람을 창조하시되 남자와 여자를 창조하시고" 다른 피조물에게 하나님의 형상이 있는 것이 아니고 오직 인간에게만 있습니다. 하나님과 관계를 맺고 소통하며 살 수 있는 존재는 인간밖에 없습니다.
두 번째는 창세기 1장 28절입니다. 하나님은 처음부터 하나님의 형상을 가진 것 하나 때문에 만물을 정복하고 다스리는 축복을 주셨습니다. 이것은 하나님이 우리에게 주신 능력과 권세를 의미합니다.

"하나님이 그들에게 복을 주시며 하나님이 그들에게 이르시되 생육하고 번성하여 땅에 충만하라, 땅을 정복하라, 바다의 물고기와 하늘의 새와 땅에 움직이는 모든 생물을 다스리라 하시니라" 우리 인간에게만 부여해주신 축복입니다. 아무리 힘이 센 동물도 지구를 정복한 적이 없습니다. 앞으로도 없습니다. 왜냐하면 하나님께서 동물에게 그 복을 주시지 않았기 때문입니다. 인간에게만 주신 복입니다.

앞에서 언급했듯이 성경 66권은 그리스도를 전달하기 위한 책입니다. 고린도후서 4장 4절에 바울은 그리스도가 하나님의 형상이라고 했습니다. 성경이 창세기부터 계시록까지 그리스도를 설명하고 있습니다. 그리스도를 통한 구원을 설명하고 있습니다. 그리스도 말고 다른 것 강조하면 하나님이 싫어하십니다. 사탄이 사람의 마음을 혼미케 해서 그리스도의 영광의 복음의 광채가 비치지 못하게 발악을 합니다. 사탄은 교회에서 프로그램을 가지고 재미있게 노는 것을 오히려 도와줍니다. 선행을 베풀고 봉사하는 것도 도와줍니다. 그런데 복음을 전하는 것은 방해합니다. 또한 복음을 못 듣게 합니다. 그 이유는 그리스도가 하나님의 형상이기 때문입니다. 하나님의 형상만 회복되면 끝나니까 사탄은 복음만 듣지 못하게 만드는 것입니다.

지금 미국을 비롯한 선진국 중심으로 그리스도(Christ)라는 단어를 사용하지 못하도록 차별금지 법안을 통과시키고 있습니다. 크리스마스(Christmas)에 그리스도(Christ)라는 단어조차 사용하지 못하도록 합니다. 표면적인 이유는 다른 종교인들에게 혐오감을 준다는 것입니다. 미국의 백악관에서부터 귀신 축제(할로윈 데이)는 공개적으로 하면서 그리스도라는 단어조차 사용을 못하도록 법으로 금지를 하고 있습니다. 그리스도를 축출(逐出)하고 귀신을 섬기는 나라가 되어가고 있습니다. 완전히 사탄의 전략입니다. 적그리스도의 출현을 준비하는 것입니다.

그리스도는 하나님의 비밀입니다. 그 안에 지혜와 지식의 모든 보화를 감추어 두셨습니다(골 2:2~3). 그리스도는 사탄의 일을 멸하신 참 왕이십니다(요일 3:8). 죄와 사망의 문제를 해결하신 참 제사장이십니다(롬 8:1~2). 하나님을 만나는 길이 되시는 참 선지자이십니다(요 14:6). 십자가에서 인생의 근본문제와 모든 문제를 해결하셨습니다. 앞으로 그리스도의 복음을 막는 나라는 반드시 망하게됩니다. 성경과 교회사에 증거가 있습니다. 복음을 막았던 애굽이나 바벨론과 로마가 망했습니다. 복음이 아니면 이 땅에 임하는 재앙을 막을 수가 없습니다. 끊임없이 일어나는 총기사고를 일으키는 사람들은 정신병자들입니다. 사탄에게 잡히지 않고는 무고한 사람들을 무차별적으로 죽일 수 없습니다. 이러한 재앙을 막는 단어가 그리스도입니다. 그러니 복음을 말하는 교회를 이단 만들고 복음을 전하는 전도자를 이단 만드는 것입니다. 이것은 당연한 것입니다. 사탄이 존재하고 있기 때문입니다. 예수님과 바울도 이단 취급을 했습니다. 우리는 정확하게 성경을 붙잡고 있어야 합니다. 성경이 신앙생활의 기준이기 때문입니다.

여기서 우리는 현재 세계적으로 쟁점(issue)이 되고 있는 것을 조명해 보겠습니다.

바로 동성애(homosexuality, 同性愛)입니다. 하나님께서 창세기 1장 27절에 하나님의 형상대로 남자(男子)와 여자(女子)를 창조하셨습니다. 다시 말하면 동성(同姓)이 아닌 이성(異性)을 만드셨습니다. 그리고 창세기 1장 28절에 "하나님이 그들에게 복을 주시며 하나님이 그들에게 이르시되 생육하고 번성하여 땅에 충만 하라"라고 말씀하셨습니다. 왜 이성(異姓)과의 결혼을 해야 됩니까? 첫째는 생육하고 번성하여 땅에 충만해야 되기 때문입니다. 둘째는 동성(同姓)과의 결혼을 통해서는 생육하고 번성할 수 없기 때문입니다. 뿐만 아니라 성(性)은 하나님이 주신 선물입니다. 성(性)을 통해 즐기고 행복하게 살면서 생육하고 번성하는 복을 주셨습니다. 다만 결혼이라는 제한된 테두리 안에서만 성을 누리게 하셨습니다. 다시 말하면 인간에게는 처음부터 제한된 자유를 허락하셨다는 것입니다. 창조주 하나님만이 완전히 자유로우신 분입니다. 그 이유는 하나님만이 죄가 없으시기 때문입니다. 죄가 있는 인간은 죄의 종입니다. 인간은 죄가 없으신 하나님과 함께 할 때 참된 자유를 누릴 수 있는 것입니다. 셋째는 후대에 대한 하나님의 계획이 있습니다. 후대를 통한 하나님의 계획은 문화 정복입니다. 세계복음화입니다. 지금 동성애(同性愛) 문제가 심각한 수준입니다. 미국을 중심으로 많은 나라에서 동성결혼을 합법화시켰습니다. 앞으로 이성(異性)간의 결혼보다 동성(同性)간 결혼하여 사는 사람이 많아질 수도 있습니다. 결혼의 정의가 한 남자(男子)와 한 여자(女子)의 결합이었으나 두 사람의 결합으로 바꾸고, 또 한 아이가 두 명의 아빠나 두 명의 엄마를 가질 수 있다고 법을 바꾸고 있습니다.

땅의 법으로 하늘의 법을 불법으로 만들고 있는 세상입니다. 사도 바울은 로마서 1장 26절부터 27절에 동성애자들을 향해 순리대로 쓸 것을 바꾸어 역리(변태)로 쓰며 음욕이 불 일듯 하매 남자가 남자로 더불어 부끄러운 일을 행하며 그들의 그릇됨에 상당한 보응을 그들 자신이 받았다고 했습니다. 영적으로 하나님의 뜻을 거역하는 죄를 범하는 것이요. 인간의 정체성 혼란과 가정 공동체에 혼란을 초래하는 것입니다. 뿐만 아니라 동성결혼을 통해 오는 질병으로 사회가 지불해야 될 비용도 만만치 않습니다. 한 사람이 에이즈(AIDS)에 감염이 되면 죽을 때까지 치료비만 수억 원 이상이 들어간다는 통계를 보았습니다. 그들의 그릇됨에 상당한 보응을 받았다는 말씀의 의미이기도 합니다. 여기에 장애등급을 받아서 온갖 혜택을 받고 살겠다는 것입니다. 그들이 받는 혜택이 결국 국민의 세금인 것입니다.

동성애자들은 의학적으로 정신질환자이기 때문에 치유의 대상입니다. 자유와 인권이라는 단어로 포장을 하여 옹호한다면 치유는 불가능하게 될 것입니다. 하나님께서 인간이라는 피조물에게 처음부터 제한된 자유를 허락하셨습니다. 타락을 자유라고 한다면 이 땅에 죄라고 할 수 있는 것은 없게 될 것입니다. 우리는 동성애자들을 미워하고 멸시하자는 것이 아닙니다. 이들을 치유하고 회복시켜 올바른 사회와 국가의 일원이 되게 하자는 것입니다. 그런데 사회지도층 인사들을 중심으로 동성애를 조장하고 부추(負芻)기는 사람들이 많습니다. 영적으로 무지한 그들의 말 한마디가 동성애를 확산시키는 요인이 되고 있습니다. 반드시 하나님의 심판이 있을 것입니다. 하나님은 지금도 회개하고 돌아오기를 기다리고 계십니다. "오라 우리가 변론하자 너희의 죄가 주홍 같을지라도 눈과 같이 희어질 것이요 진홍 같이 붉을지라도 양털 같이 희게 되리라"(사 1:18).

그리스도께서 이천 년 전에 십자가에서 모든 인생문제를 해결하시고 초청하고 계십니다.

"수고하고 무거운 짐 진 자들아 다 내게로 오라 내가 너희를 쉬게 하리라"(마 11:28).

예수 그리스도의 초대에 응하여 참된 용서와 구원과 안식을 누리게 되기를 기도합니다.

또 하나의 쟁점(issue)은 우상(偶像)의 정의입니다. 하나님께서 모든 만물을 창조하시고, 피조물들을 정복하고 다스리는 권세와 능력을 인간에게만 주셨습니다. 그리고 인간은 하나님만 섬기도록 하셨습니다. 인간이 하나님께 순종하고 섬기면 다른 피조물들이 인간에게 복종하도록 하셨습니다. 인간이 하나님께 불순종하면 다른 모든 피조물이 인간에게 불순종하도록 하셨습니다. 이것은 창조의 질서 속에 숨겨진 비밀입니다. 우상이란 정복하고 다스려야 될 피조물들을 섬김의 대상으로 바꾸는 것입니다. 그러면 지구 상에 얼마나 많은 우상이 있는지 아시겠지요? 우상의 배후에는 반드시 사탄이 역사하고 있습니다. 그래서 시대마다 우상을 섬기는 나라와 가문이 결국은 망했던 것입니다.

피라밋을 섬기다 망한 애굽. 느보신을 섬기다 망한 바벨론. 제우스신을 섬기다 망한 로마를 보십시오. 올림픽을 할 때 성화(聖火) 봉송(奉送)을 합니다. 아테네 신전에서 여(女) 사제들이 제사를 지내고 불을 채화해서 세계를 돌아 올림픽을 하는 나라의 주경기장에 점화를 하면서 시작이 됩니다. 올림픽을 개최하는 나라에 굉장한 흑암의 역사가 일어나는 이유가 여기에 있습니다. 겉으로는 국가의 위상이 높아지고 경제가 활성화되어 마치 선진국이 될 것처럼 말합니다. 국가나 선수들은 메달을 획득하는데 관심이 있지 영적 배경을 전혀 알지 못합니다. 사탄은 돈과 명예를 주고 영적인 것을 빼앗아 멸망하도록 하는 존재입니다. 영적으로 무지하면 당할 수밖에 없는 것입니다. 우상이 문화라는 옷을 입었습니다. 그 누구도 우상숭배를 죄라고 생각하지 않습니다. 오직 성경에만 우상숭배가 죄(罪)라고 경고합니다. 우상을 숭배하는 것은 사탄을 하나님으로 섬기는 무서운 죄가 되는 것입니다. 복음운동을 해야 되는 당위성입니다.

예수 그리스도의 복음이 아니면 사탄을 이길 자가 없습니다. 예수 그리스도는 만왕의 왕이십니다. 아멘.

창조

II. 생명언약

하나님이 우리 인간에게 모든 것을 다 주시고 창세기 2장 15절부터 17절에 한 가지를 금하셨습니다. "에덴동산 중앙에 있는 선악을 알게 하는 나무의 실과를 먹지 말라 먹는 날에는 반드시 죽으리라"라고 말씀하셨습니다. 사람들은 무엇을 지켜야 구원을 받는다고 생각합니다. 아닙니다. 선악과를 먹으면 반드시 죽으리라. 이 말은 먹지 말고 살라는 말씀입니다. 이것이 생명 언약입니다. 하나님이 사람을 창조하실 때 하나님의 말씀을 듣고 살도록 창조하셨습니다(信 =人+言). 하나님의 백성들이 행복한 모습이 신명기 33장 3절에 나옵니다.

"여호와께서 백성을 사랑하시나니 모든 성도가 그의 수중에 있으며 주의 발아래에 앉아서 주의 말씀을 받는 도다" 아름다운 모습을 보십시오. 이 모습을 회복해야 합니다.

"주의 발치에 앉아서 말씀을 듣는 마리아는 좋은 편을 택하였으니 빼앗기지 아니하리라"(눅 10:39~42)라고 칭찬하셨습니다. 이 축복을 회복해야 합니다. 마르다는 예수님과 손님들을 접대하느라 분주하여 가장 중요한 주님의 말씀을 듣지 못합니다. 그리고 힘이 드니까 마리아도 자기를 돕게 해달라고 부탁을 합니다. 신앙생활에 실패한 사람들의 특징은 우선순위가 바르지 못합니다. 그리고 항상 분주합니다.

"마르다는 준비하는 일이 많아 마음이 분주한지라 예수께 나아가 이르되 주여 내 동생이 나 혼자 일하게 두는 것을 생각하지 아니하시나이까 그를 명하사 나를 도와주라 하소서. 주께서 대답하여 이르시되 마르다야 마르다야 네가 많은 일로 염려하고 근심하나 몇 가지만 하든지 혹은 한 가지 만이라도 족하니라 마리아는 이 좋은 것을 택하였으니 빼앗기지 아니하리라 하시니라"(눅 10:40~42).

인간은 하나님의 말씀을 청종하고 신뢰해야 합니다. 하나님의 말씀을 신뢰하고 살아야 합니다. 이것이 깨지면 인간에게 문제가 옵니다. 신앙생활을 잘하는 사람은 하나님의 음성에 귀를 기울이고 하나님의 말씀을 신뢰합니다. 이 관계가 된 사람은 절대로 실패하지 않습니다. 그런데 사탄은 하나님의 말씀을 불신앙하게 만듭니다. 그리고 사람의 말에는 아주 은혜를 받게 만듭니다. 이것이 실패하는 사람의 모습입니다. 세례요한과 예수님이 바리새인들을 보고 왜 뱀들아 독사의 자식들이라고 하셨는지 아십니까? 백과사전을 찾아보니 뱀은 귀가 없습니다. 즉, 바리새인들은 하나님의 말씀을 들을 수 있는 귀가 없었던 것입니다. 인간은 하나님의 말씀을 듣고 말씀을 신뢰하도록 만드셨습니다. 그런데 사탄은 말씀을 신뢰하지 못하게 만듭니다. 말씀 중심으로 살면 승리할 수밖에 없습니다. 말씀이 육신이 되어 오신 분이 그리스도입니다(요 1:14).

"믿음은 들음에서 나며 들음은 그리스도의 말씀으로 말미암았느니라"(롬 10:17). 우리가 집중해야 될 것은 복음의 말씀입니다. 결국 우리 인간은 그리스도 중심으로 살아야 합니다. 왜 하나님이 우리 인간에게 선악과를 먹지 말라고 하셨나요? 하나님의 절대 주권을 인정하라는 말씀입니다.

인간이 아무리 축복을 받았어도 에덴동산의 주인이 아닙니다. 피조물이 주인이 될 수 없습니다. 하나님이 주인이십니다. 하나님이 주인이신 것을 인정하라는 것입니다. 이것이 틀어지면 다 틀어지게 되어 있습니다. 만물의 주인은 하나님이십니다. 이 언약을 붙잡아야 합니다.

하나님이 우리에게 자유의지를 주셨습니다. 로봇으로 만들지 않으시고 자유의지를 주셨습니다. 선택권을 주셨단 말입니다. 자유의지를 주셔서 스스로 판단하고 결정할 수 있게 하셨고 자유의지가 선한 목적으로 사용되도록 하셨습니다. 출생(Birth)과 죽음(Death)은 하나님의 절대적인 주권 속에서 이루어지지만 중간에 선택(Choice)하는 것은 우리 인간에게 허락하셨습니다. 자유의지로 선택하도록 하셨습니다. 선택이 얼마나 중요한지는 성경에 나와 있습니다. 영적인 선택은 영원을 좌우합니다.

선악과를 먹지 말라는 이유는 도적이 올 것을 아셨기 때문입니다. 창세기 2장 15절에 "다스리고 지키라" 도적이 올 것을 아시고 지키라고 하신 것입니다.

"도둑이 오는 것은 도둑질하고 죽이고 멸망시키려는 것뿐이요 내가 온 것은 양으로 생명을 얻고 더 풍성히 얻게 하려는 것이니라"(요 10:10).

하나님이 우리 인간을 창조하시기 전에 영계를 창조하셨습니다. 천사들 중에 찬양을 담당했던 천사가 타락해 마귀가 되었습니다. 빛을 나르는 자라는 뜻인데 사탄입니다. 루시퍼와 함께 동반 타락한 천사들이 악령, 또는 귀신들입니다. 사람이 죽어서 귀신이 되는 것이 아닙니다. 조상이 죽어서 귀신이 되어 구천(九泉)에 떠돌아 다닌다고 생각하여 제사를 지내고 있습니다. 사탄은 거짓말쟁이요 거짓의 아비로서 끝까지 사람들을 속여서 멸망으로 이끌어 가고 있습니다. 사람은 죽어서 천국(天國) 아니면 지옥(地獄)에 갑니다. 타락한 천사의 무리가 귀신입니다. 인간이 창조되기 전에 이미 쫓겨났습니다. 창세기 1장에 보면 둘째 날 궁창을 만드시고 좋았더라는 말씀이 없습니다. 성경을 보면 마귀가 공중 권세 잡은 자라고 나와 있습니다. 하늘에서 쫓겨나 공중 권세를 잡고 있는 것입니다. 궁창이 마귀의 활동 무대입니다. 마귀, 즉 도적이 올 것을 아시고 언약만 붙잡으면 된다는 것을 보여주고 있는 것입니다. 하나님께서 왜 이런 언약을 주셨나요? 무죄 상태의 인간은 언약을 지킬 수 있는 능력이 있기 때문입니다. 선악을 알게 하는 나무의 실과를 먹지 말라고 하신 근원적인 의미는 창조주 하나님과 피조물인 인간을 구별하는 금지선(線)입니다. 마치 남자(男子) 목욕탕과 여자(女子) 목욕탕을 구분한 것처럼 말입니다. 북한과 남한의 경계선을 휴전선으로 정해놓고 서로 넘어가면 안 된다는 묵시(默示)적인 약속이 있는 것과 같습니다. 이 선은 하나님의 절대 주권적 영역입니다. 이 영역을 넘보다가 천사가 타락하여 마귀(魔鬼), 사탄이 되었습니다. 에덴동산에서 아담을 실패시켰던 사탄은 지금도 동일한 방법으로 사람들을 미혹해서 멸망의 길을 걷게 만들고 있는 것입니다.

하나님이 인간에게 결혼이라는 언약을 주셨습니다. 언약을 붙잡은 사람, 하나님의 절대 주권을 인정한 사람들이 만나 결혼을 하는 것입니다. 그래서 결혼은 신성한 축복이라고 합니다. 하나님께서 결혼 제도를 만드셨기 때문입니다.

출애굽기 2장 1절에 보면 "레위 가족 중 한 사람이 가서 레위 여자에게 장가들었더니"라고 기록하고 있습니다. 언약을 가진 자들의 결혼입니다. 하나님은 이런 결혼을 원하십니다. 결혼이라는 것은 굉장히 중요합니다. 결혼은 가정과 가문의 시작입니다. 모든 사회의 기본은 가정입니다. 하나님이 주신 가정을 사탄은 무너뜨리려고 발악합니다. 이것을 복음으로 막아야 합니다. 하나님은 언약의 명문가문을 세우기를 원하십니다. 그러므로 결혼을 소중하게 생각해야 합니다. 하나님께서 하와를 돕는 배필로 만드셨습니다. 남자가 아무리 힘이 있어도 여자의 도움이 있어야 합니다. 돕는 배필이 없으면 서 있지를 못합니다.

그래서 남편은 아내의 도움을 받아야 하고, 아내는 남편에게 도움을 줘야 합니다. 이 시대는 맞벌이를 하는 부부가 늘어나면서 이 부분에 많은 문제가 왔습니다. 가정이 무너지는 중요한 원인 중에 하나가 되었습니다. 여성들의 사회참여도 중요하지만 가정보다 중요할 수 없습니다. 가정을 든든히 세우면서 능력의 범위 안에서 사회참여를 하는 것이 바람직하다고 볼 수 있습니다. 지금은 정반대의 현상이 나타나고 있습니다. 여성들의 사회참여가 늘어나면서 가정의 경제가 회복이 되고 사회와 국가발전에 유익을 주고 있지만, 부모의 사랑과 도움을 받지 못한 청소년 문제가 심각해지고 이혼율도 급증하고 있는 것이 현실입니다. 얼마 전 대한민국 청소년 4백만 명이 방황하고 있다는 통계가 나왔습니다. 맞벌이 부부가 많아지면서 자녀 양육 문제가 사회적인 문제가 되고 있습니다.

자식은 여호와의 기업입니다. 여호와의 기업을 우리에게 위탁하셨습니다.

"보라 자식들은 여호와의 기업이요 태의 열매는 그의 상급이로다"(시 127:3).

그러나 우리는 여호와께서 기업으로 주신 자녀 경영은 유치원,

학교, 학원에 위탁해 버린 것입니다. 자녀들에게 언약을 각인시키고, 뿌리내리고 체질화시켜야 될 가장 좋은 시기에 복음이 없는 교사들에게 맡긴 것입니다. 교사들 중에는 거짓된 종교인들과 이단에 빠진 사람들도 많이 있습니다. 이들이 우리의 자녀들에게 무엇을 심겠습니까? 세 살 버릇 여든까지 간다는 속담이 있습니다. 어릴 때 들어간 것은 평생 간다는 의미입니다. 더구나 유치원이나 공립학교에서는 종교적인 색깔을 나타내면 경제적인 지원을 중단하거나 시설을 폐쇄하기 때문에 복음을 전달하기가 쉽지 않습니다. 결국은 가정에서 부모들을 통하여 언약이 전달되기를 원하셔서 기업으로 주셨던 것입니다. 언젠가는 주님께서 여호와의 기업에 대한 결산을 하실 때가 올 것입니다.

중국에서도 농민공(돈을 벌기 위하여 도시로 나간 사람들) 자녀들이 6천만 명이 넘는다고 합니다. 부모의 관심과 사랑을 받지 못하고 방치되고 있는 자녀들이 사회문제가 되고 있는 현실입니다. 자라나는 자녀들의 정서에 부정적인 영향이 많습니다. 그리고 출산율이 떨어져 나라마다 고령화 시대로 접어들면서 국가적인 문제가 되고 있습니다. 국가와 사회가 여성들이 가정을 지키면서 가지고 있는 능력을 최대한 발휘할 수 있도록 제도적인 장치를 만들어야 할 것입니다. 여성들의 근로시간을 대폭 줄여서 가정을 돌보도록 하고 임금은 능력만큼 지불해야 합니다. 가정이 없는 사회와 국가는 존재할 수 없기 때문입니다. 현실은 성경의 가르침과 너무 멀리 떨어져 있습니다.

가정이 무너지면 사회와 국가의 존립이 위태로워집니다.

신앙생활의 기준은 성경이고 성경의 기준은 그리스도이십니다. 하나님의 말씀인 성경에서 해답을 찾아야 합니다. 하나님은 인간에게 사명을 주셨습니다. 창세기 1장 28절의 사명을 감당하는 것이 가정입니다. 문화 정복입니다. 창세기 1장 27절에 하나님의 형상을 가진 사람과 만나 결혼을 해서 창세기 1장 28절의 문화 정복의 사명을 감당하는 것입니다. 가정이 정말 중요합니다. 가정의 사명은 세계복음화입니다.

남녀(男女)가 이성(異性) 간의 사랑만 가지고는 결혼생활을 지속하지 못합니다. 지금 대한민국에 한해 33만 쌍이 결혼을 하지만 한해 11만 쌍 이상이 이혼을 합니다. 이유는 다양하지만 성격차이가 가장 많다고 합니다. 성격차이는 표면적인 문제에 불과합니다. 그 가정을 도둑질하고 죽이고 멸망시키는 사탄으로부터 지켜줄 그리스도 언약이 없기 때문입니다. 가정 위기시대를 맞았습니다. 가정을 복음으로 치유하고 회복시키는 사역이야 말로 가장 중요한 사역이라고 할 수 있습니다.

Ⅲ. 인류역사 최악의 사건

　하나님의 말씀을 듣고 신뢰하며 살아야 할 인간에게 창세기 3장에 충격적인 사건이 터졌습니다. 여러분도 창세기 3장 사건을 잘 알고 계실 것입니다. 하늘에서 쫓겨난 사탄이 에덴동산에 찾아와서 인간을 유혹했습니다. 어떻게 유혹했습니까? 선악과를 따먹으면 눈이 밝아져서 하나님과 같이 된다고 했습니다. 여기서 뉴에이지(New Age)가 나온 것입니다. 여러분, 뉴에이지(New Age)는 너희들도 하나님이 될 수 있다고 속이는 적그리스도입니다. 창세기 3장에서 시작된 뉴에이지 운동이 지금도 똑같이 진행되고 있고 전 세계를 장악해 나아가고 있습니다. 왜 선악과를 따먹었습니까? 하나님이 되려고 먹었습니다. 하나님의 절대 주권을 인정하지 않고 주인이 되려고 했습니다. 주인이 될 수 없습니다. 타인의 집에 들어가서 자기가 주인이라고 우겨대는 사람이 있다면 정신병자입니다. 사탄의 유혹을 받고 선악과를 따먹은 것 자체가 영적인 문제이자 정신문제의 시작입니다. 흑암이 아담과 하와를 덮쳐버렸습니다. 이사야 60장 2절에 "어둠이 땅을 덮을 것이며 캄캄함이 만민을 가리려니와" 이 흑암이 에덴동산을 덮쳐버린 것입니다. 그래서 그리스도의 언약을 놓치면 실패합니다. 하나님의 말씀을 놓치면 실패합니다. 흑암이 덮쳐버립니다. 사탄은 영적인 존재이기 때문에 보이지 않습니다. 많은 사람들이 신앙생활을 취미생활처럼 하는데 그렇게 하면 큰일 납니다. 요한복음 13장 2절에 마귀가 벌써 시몬의 아들 가룟 유다의 마음에 예수를 팔려는 생각을 넣었다고 합니다. 예수님을 따라다니면서도 말씀에는 관심이 없고 육신적인 동기가 충만했던 가룟 유다를 사탄이 완전히 장악해서 지구 상에서 가장 비참한 인생이 되도록 만들었습니다. 이 사탄은 지금도 인류를 공격하고 있습니다.

Ⅳ. 원죄사건 [original sin, 原罪]

먼저 질문을 해보겠습니다. 왜 사람이 울면서 태어날까요? 웃으면서 태어난 사람이 있을까요?

지구 상에 웃고 태어난 아이는 없을 겁니다. 창세기 3장의 환경에서는 웃을 수 없기 때문입니다. 언제부터 모기가 사람의 피를 빨아먹고, 파리가 사람의 얼굴에 앉아서 배설물을 쏟아 내고, 어떻게 감히 짐승들이 사람을 잡아먹게 되었을까요? 한 마디로 사람 같지 않은 것입니다. 자신의 먹이사슬 정도로 여기는 것입니다. 원래 인간은 하나님의 형상대로 지음을 받고 생육하고 번성하여 땅에 충만하고 땅을 정복하고 모든 생물을 다스리는 축복을 받았습니다. 창세기 3장의 타락 사건으로 말미암아 하나님의 형상을 잃어버리고 짐승에게까지 외면당하고 무시당하는 처지가 되었습니다.

한 해에 모기에 물려서 죽은 사람이 백만 명 이상이 된다고 합니다. 전쟁으로 죽은 사람들의 숫자보다 훨씬 많습니다. 대단한 사람이 하찮은 사람이 되어버린 것입니다. 왕자가 하루아침에 거지가 된 꼴입니다.

창세기 3장 사건을 원죄[original sin, 原罪]라고 합니다. 원죄 사건은 하나님과 함께 살아야 할 인간이 하나님을 떠난 사건입니다. 마귀의 유혹을 받고 하나님이 금하신 선악과를 따먹었습니다. 이것이 가장 큰 범죄입니다. 죄는 하나님의 말씀에 불순종하는 것입니다. 하나님의 목표에서 벗어나는 것이 죄입니다. 하나님의 말씀에 순종하며 살도록 만드셨는데 불순종했습니다. 이것이 죄입니다. 그리고 결국 우리 인간은 마귀에게 장악되어 버렸습니다. 요한복음 8장 44절에 "너희는 너희 아비 마귀에게서 났으니 너희 아비의 욕심대로 너희도 행하고자 하느니라 그는 처음부터 살인한 자요 진리가 그 속에 없으므로 진리에 서지 못하고 거짓을 말할 때마다 제 것으로 말하나니 이는 그가 거짓말쟁이요 거짓의 아비가 되었음이라"라고 예수님께서 직접 말씀하셨습니다. 이것보다 더 불행한 일은 세상에 없습니다. 마귀는 영적인 유괴범입니다. 고린도후서 11장 14절에 사탄도 자기를 광명의 천사로 가장(假裝) 한다고 했습니다. 선악과를 따 먹으면 눈이 밝아져서 하나님과 같이 된다고 하는 달콤한 메시지로 유혹했습니다. 광명의 천사로 가장해서 유혹하니까 넘어간 것입니다.

요한복음 10장 10절에 마귀는 도둑이라고 했습니다. 도둑질하고 죽이고 멸망시키는 일을 합니다. 모든 것을 파괴하는 영적인 테러범이 마귀입니다. 개인과 가정을 파괴합니다. 사회를 파괴하고 있습니다. 그래서 창조원리를 설명하는 것입니다. 하나님을 떠난 인간은 불행하게 되고 죽게 되는 것입니다. 원죄 때문에 인간에게 모든 문제가 왔습니다. 창세기 3장 16절부터 20절입니다. 저주의 시작, 재앙의 시작, 고통의 시작, 죽음이 시작되었습니다. 모든 문제의 시작은 창세기 3장 사건입니다. 우리 인간은 문제가 생기자 스스로 해결해 보려고 몸부림칩니다. 노력을 합니다. 무화과 나뭇잎으로 치마를 해 입었습니다. 바로 패션의 원조입니다. 이때부터 옷을 입게 된 것입니다.

평생 돈 벌어서 옷을 사 입다가 죽는다고 해도 과언이 아닐 정도입니다. 창세기 3장의 후유증입니다. 죄를 지은 인간은 나무 뒤에 숨고 핑계 대고 책임전가를 합니다. 하나님 떠난 자들의 인간성입니다. 창세기 2장에 아담이 하와를 향하여 "이는 내 뼈 중에 뼈요 살 중의 살이로다"라고 축가를 불렀습니다. 이때부터 지금까지 결혼식 때 축가를 부르게 된 것입니다. 이혼할 단계가 되면 '당신 때문' 이라고 말합니다. 그러면서 아내를 주신 하나님께 결국 책임을 돌립니다. 이것이 바로 종교입니다. 인간에게 닥친 문제를 인간이 스스로 해결하려고 몸부림치는 것이 종교입니다. 종교는 완전 인본주의입니다. 구원받은 우리에게도 종교성이 있습니다. 우리도 문제가 생기면 직접 해결하려고 합니다. 그래서 고생을 하는 것입니다. 종교의 배후에는 사탄이 역사합니다. 그래서 종교 생활은 결국 망하는 것입니다.

사탄은 복음을 받은 사람이라 할지라도 종교인으로 만듭니다. 문제만 오면 그 속에 빠지고 해결하려고 몸부림을 칩니다. 그러니 신앙생활 자체가 힘든 것입니다. 여러분 문제가 왔을 때 기다려 보십시오. 웬만한 것은 다 지나갑니다. 진짜 예수님이 그리스도가 맞으면 우리는 기다리고 있으면 됩니다. 그리스도께서 문제를 해결하시고 그 문제가 해결이 되지 않는다면 그 문제 속에는 분명히 하나님의 더 좋은 계획이 있습니다.

고린도후서 12장 1절부터 10절에 바울이 병이 떠나기를 세 번씩 간절히 기도했습니다. 그때 하나님께서 "내 은혜가 네게 족하도다 이는 내 능력이 약한 데서 온전하여짐이라"라고 말씀하셨습니다. 바울이 가지고 있는 질병과 문제는 하나님의 큰 계획이 있기 때문에 유익한 것입니다.

우리 인간의 비극은 창세기 3장에서 시작되었습니다. 바울은 "의인은 없나니 하나도 없으며"(롬 3:10). "모든 사람이 죄를 범하였으매 하나님의 영광에 이르지 못하나니"(롬 3:23). 세상에는 의로운 사람이 하나도 없습니다. 바리새인들처럼 의로운 척하고 사는 것이 세상입니다. "죄의 삯은 사망이요"(롬 6:23)라고 하였습니다. 바로 원죄에 대한 이야기입니다. "한 사람으로 말미암아 죄가 세상에 들어오고 죄로 말미암아 사망이 들어왔나니 이와 같이 모든 사람이 죄를 지었으므로 사망이 모든 사람에게 이르렀느니라"(롬 5:12).

아담은 인류의 대표로 하나님과 언약을 체결한 당사자이기 때문에 아담의 범죄는 곧 모든 인류의 범죄가 된다는 것입니다. 아담이 지은 죄는 곧 내가 지은 죄요, 아담의 실패는 곧 나의 실패가 되는 것입니다. 그래야 내게도 그리스도가 필요합니다. 성경 외에 어떤 책에도 원죄에 대해서 얘기하지 않습니다. 그래서 그리스도를 필요로 하지 않는 것입니다. 가장 무서운 것 중에 하나가 영적인 무지입니다.

"내 백성이 지식이 없으므로 망하는도다 네가 지식을 버렸으니 나도 너를 버려 내 제사장이 되지 못하게 할 것이요 네가 네 하나님의 율법을 잊었으니 나도 네 자녀들을 잊어버리리라"(호 4:6).

왜 인간이 선악과를 따먹었습니까? 마귀의 유혹을 받고 하나님이 되려고 먹었습니다. 다시 말하면 자기가 주인이 되겠다는 것입니다. 피조물이 창조주의 자리에 앉겠다는 것입니다. 마귀와 합작해서 반역을 한 것입니다. 칼빈은 이것을 "전적 부패" "전적 타락"이라고 표현했습니다. 인간 스스로 회복이 불가능한 상태가 된 것입니다. 영적인 파산자가 된 것입니다.

우리 인간에게 닥친 원죄를 말하지 않기 때문에 그리스도를 강조할 이유가 없어지는 것입니다. 사탄이 얼마나 교활한지 보십시오. 아담과 하와가 끝까지 사탄의 정체를 알지 못합니다. 요한계시록 12장 9절에 "큰 용이 내쫓기니 옛 뱀 곧 마귀라고도 하고 사탄이라고도 하며 온 천하를 꾀는 자라 그가 땅으로 내쫓기니 그의 사자들도 그와 함께 내쫓기니라" 뱀은 보았는데 뱀 속에 들어간 사탄을 끝까지 보지 못했습니다. 지금도 사탄은 자기의 정체를 철저히 숨기고 인간을 타락시킵니다.

원죄

V. 은혜언약 [恩惠言約, the covenant of grace]

원죄로 인하여 발생한 문제를 인간이 해결할 수 없기 때문에 하나님이 "여자의 후손"을 보내시겠다고 약속하셨습니다. 바로 창세기 3장 15절입니다. 여자의 후손이신 그리스도가 오셔서 사탄의 머리를 박살 낼 것을 약속하신 말씀입니다. 이것을 은혜 언약이라고 합니다. 불가항력적(不可抗力的)인 은혜입니다. 우리가 거부할 수 없습니다. 하나님이 주신 은혜를 거부할 수 없습니다. 창세기 3장 15절의 언약의 바통을 붙잡은 사람은 구약성경에 다 성공했습니다. 승리했습니다.

이것을 원시 복음(元始福音)이라고 합니다. 문제가 터지자마자 하나님께서 복음을 주셨습니다. 살 길을 주셨습니다. 이유가 없습니다. 물에 빠진 사람에게는 말이 필요 없습니다. 건져내야 합니다. 살려내야 합니다. 창세기 3장에 빠진 인간에게 다른 것은 필요 없고 살려내야 합니다. 이 눈을 가지고 일흔 번씩 일곱 번 죄를 지어도 복음으로 살려야 합니다. 몇 번을 잘못하든 복음을 가지고 살려내야 합니다. 이것이 되지 않으면 전도자로 살아갈 수 없습니다. 하나님은 우리에게 복음을 주셨습니다. 죄를 짓자마자 복음을 주셨습니다. 실패하자 바로 복음을 주셨습니다. 이것이 하나님의 본심입니다. 하나님의 본심은 살리는 것입니다. 전도자는 복음을 가지고 사람을 살리는 사람이 되어야 합니다. 어떤 실수를 저지른 사람이라도 복음을 가지고 살려내야 합니다. 이것이 복음의 능력입니다. 신앙생활의 기준이 되는 성경을 봅시다.

애굽에 노예가 되었던 이스라엘 백성들이 출애굽기 3장 18절의 "희생 제사"의 언약을 붙잡고 어린양의 피를 문 좌우 설주와 인방에 뿌린 날 해방을 받았습니다. 바벨론에 70년 동안 포로생활하던 이스라엘 백성들이 이사야 7장 14절 임마누엘의 언약을 붙잡았을 때 해방을 받았습니다. 로마에 250년 동안 속국으로 살던 이스라엘 백성들이 마태복음 16장 16절의 그리스도 언약 붙잡고 로마를 정복하게 되었습니다.

창세기 3장 15절에 약속하신 여자의 후손으로 오신 그리스도가 아니면 절대로 인생문제를 해결할 수 없습니다. 창세기 3장 15절 복음의 눈을 가지고 성경 66권을 봐야 합니다. 갈라디아서 4장 4절에 "때가 차매 하나님이 그 아들을 보내사 여자에게서 나게" 하셨습니다. 창세기 3장 15절에 약속한 여자의 후손이 오셨다는 말씀입니다. 그분은 마귀의 일을 멸하신 참 왕이십니다. 죄와 사망의 문제를 해결하신 참 제사장이십니다. 하나님을 만나는 길이 되시는 참 선지자이십니다. 구약시대는 이 분이 오신다는 약속만 믿어도 구원을 받았습니다. 신약시대는 약속대로 오신 그리스도를 믿으면 구원을 받습니다. 다른 길이 없습니다.

　"다른 이로써는 구원을 받을 수 없나니 천하 사람 중에 구원을 받을 만한 다른 이름을 우리에게 주신 일이 없음이라 하였더라"
(행 4:12).

Ⅵ. 가죽옷 언약

창세기 3장 21절입니다. 가죽옷 언약입니다.

"여호와 하나님이 아담과 그의 아내를 위하여 가죽옷을 지어 입히시니라"

제 관점에서 모든 성경이 복음이지만 구약 성경의 복음서는 창세기입니다. 하나님이 아담과 하와에게 가죽옷을 지어 입히셨습니다. 가죽이 나오려면 짐승이 희생을 당해야 합니다. 이것은 지구가 생기고 최초의 희생사건입니다. 이것 하나 답을 내면 창세기 4장에 아벨이 왜 양을 쳤는지 금방 답이 나옵니다. 양을 쳤던 이유는 단 한 가지입니다. 희생 제사를 드리기 위한 것입니다. 창세기 3장 15절의 여자의 후손, 창세기 3장 21절의 가죽옷의 언약을 생명줄로 잡은 것입니다. 창세기 22장에 이삭 대신 숫양이 왜 죽었는지 금방 답이 나옵니다. 숫양은 그리스도의 그림자입니다. 노예로 살던 이스라엘 백성들이 왜 양의 피를 뿌렸을 때 나왔는지 금방 이해가 됩니다. 어린양의 피는 그리스도의 그림자입니다. 그리고 요한복음 1장 29절에 예수님이 세례 받으러 나오실 때 세례요한이 "보라 세상 죄를 지고 가는 하나님의 어린양"이라고 선포했습니다. 그리스도가 오셨다고 말하지 않고 "세상 죄를 지고 가는 하나님의 어린양"이라고 했습니다. 창세기 3장 21절의 가죽옷부터 시작해서 여기까지 연결되는 것입니다. 요한복음 19장 30절에 십자가에서 "다 이루었다"라고 하셨습니다. 요단강에서 세상 죄를 짊어지고 갈보리 산에서 세상 죄를 죽음으로 해결하셨습니다. 갈보리산 언약이 각인되고 뿌리내리고 체질화되어야 합니다. 우리는 이 복음을 가지고 모든 인생 문제를 해결해야 합니다. 지구 상에 임한 저주를 해결할 수 있는 유일한 답이 무엇입니까? 창세기 3장 15절의 약속된 그리스도입니다.

우리 인간 스스로 의롭게 될 수 없습니다. 내(我)가 의(義)롭게 되는 것은 양(羊) 때문입니다(我+羊=義). 양은 그리스도의 그림자입니다. 그리스도를 통해서만 의롭게 될 수 있습니다. 구약 성경에 셀 수 없을 정도로 많은 양들이 죽었습니다. 하나님의 기준은 그리스도입니다. 우리의 행위가 아닙니다. 행위가 아닌 복음이 기준입니다. 교회의 주인이 그리스도입니다. 우리는 죽을 사람도 복음으로 살려내야 합니다. 복음 앞에서는 죽을 사람이 없습니다. 살아야 합니다. 우리가 그리스도 때문에 의롭게 되었습니다. 이런 사람을 의인이라고 합니다. 우리 인간이 어떻게 의인이 될 수 있습니까? 그리스도 때문입니다. 확신을 가져야 합니다. 그리스도 안에 있는 이상 누구도 우리의 신분을 바꿀 수 없습니다. 우리를 정죄할 수 없습니다. 과거와 현재와 미래의 죄, 원죄(原罪)와 자범죄(自犯罪)와 조상의 죄(우상偶像숭배의 죄)까지도 그리스도께서 해결하셨습니다. 가죽옷 사건은 굉장히 중요한 성경의 흐름입니다. 아담과 하와가 무화과 나뭇잎으로 치마를 만들어 입고 있었습니다. 종교입니다. 종교는 사람이 만들었고 배후에는 사탄이 역사하고 있습니다. 종교 생활하면 망하는 이유입니다. 성경에 분명히 말씀하고 있습니다. 하나님께서 직접 가죽옷을 지어 입히셨습니다. 복음은 하나님이 주신 것입니다. 하나님의 눈에는 피 묻은 가죽옷만 보이십니다. 그 가죽옷을 하나님이 직접 입히셨습니다. 이것이 복음입니다. 복음은 하나님이 주신 것입니다. 그리스도의 의(義)의 옷을 입히신 것입니다. 하나님의 눈에는 방주만 보이십니다. 노아와 그 가족들은 보이지 않습니다. 바로 복음의 비밀입니다. 하나님의 눈에는 유월절 어린양의 피만 보이십니다. 그 안에 있는 이스라엘 백성들이 보이지 않으십니다. 완전 그리스도의 의(義)의 옷을 입히셨습니다. 지금도 하나님의 눈에는 우리가 보이는 것이 아닙니다. 그리스도가 보이십니다. 그래서 우리가 실수하고 연약해서 죄를 져도 저주를 받지 않는 것입니다. 우리가 받은 응답이자 축복입니다.

그리스도는 하나님의 능력이요 하나님의 지혜입니다(고전 1:24).

그리스도는 하나님의 비밀입니다. 그리스도 안에 지혜와 지식의 모든 보화가 감추어져 있습니다(골 2:3). 우리는 이 비밀을 맡은 전도자들입니다.

Ⅶ. 참된 예배

창세기 3장 15절 여자의 후손, 창세기 3장 21절의 가죽옷 언약을 붙잡고 우리가 성공해야 될 것은 예배입니다. 참된 예배를 회복해야 됩니다. 그게 창세기 4장입니다. 창세기 4장을 보면 두 사람이 예배드리는 모습이 나옵니다. 가인과 아벨입니다. 두 사람은 예배가 무엇인지 보여주고 있습니다. 참된 예배란 무엇입니까? 아벨은 양의 첫 새끼와 그 기름으로 여호와께 드렸더니 하나님께서 아벨과 그 제물을 받으셨습니다. 가인은 땅의 소산을 가지고 제사를 드렸습니다.

하나님은 받지 않으셨습니다. 오늘날 많은 사람들이 하나님이 받지 않으시는 예배를 드리고 있습니다. 그것을 종교적인 예배라고 합니다. 아벨이 양을 쳤습니다. 양의 첫 새끼와 그 기름으로 여호와께 드렸다는 말은 아벨이 그리스도의 언약을 붙잡았다는 말입니다.

아벨이 양을 친 이유는 간단합니다. 아버지 아담으로부터 창세기 3장 15절 "여자의 후손"과 21절 "가죽옷"의 언약을 전달받은 것입니다. "희생 제사"를 드리기 위하여 양을 쳤던 것입니다. 아벨이 양을 칠 때에는 양을 잡아먹을 수가 없었습니다. 노아 홍수 이전에는 동물을 양식으로 주시지 않았고 홍수 심판 이후에 주셨습니다.

"모든 산 동물은 너희가 먹을 것이 될지라 채소 같이 내가 이것을 다 너희에게 주노라"(창 9:3).

하나님께서 어떤 예배를 받으십니까? 어떤 예배가 참된 예배인가요? 그리스도의 언약을 붙잡고 드리는 예배입니다.

가인은 땅의 소산으로 드렸습니다. 이것은 감사제입니다. 대속(代贖) 제물이 되시는 그리스도를 통해서만 인생문제가 해결됩니다. 가인은 그리스도의 언약 없이 예배를 드린 것입니다. 그리스도가 빠져버린 예배는 종교적인 예배입니다. 인본주의입니다. 복음을 모르고 종교적인 예배를 드리면 개인과 가정도 실패하고 말로가 아주 비참하게 됩니다. 그리스도 언약을 놓치고 예배 실패하면 비참해집니다. 후손까지 비참해집니다.

가인의 후손 세 명이 나옵니다. 야발은 가축을 치는 자의 조상입니다. 그리고 유발입니다. 유발은 수금과 통소를 잡고 하나님 없는 노래를 시작한 사람입니다. 가인의 후손 중에 나온 것입니다. 사탄의 전문성이 음악입니다. 음악으로 성공한 사람들의 말로를 보십시오. 지금도 사탄은 자신의 전문성인 음악을 가지고 젊은 사람들의 마음과 생각 속에 자신의 메시지를 각인시키고 있습니다. 그 메시지 속에는 마약과 살인과 자살을 부추기고 성적인 타락을 조장하고 있습니다. 그리고 동성애(同性愛)를 조장하고 있습니다. 세계적인 가수 레이디가가는 지옥의 문이 열렸다. 회중들을 지옥으로 모두 끌고 가겠다고 공개적으로 선언했습니다. 복음이 없이 성공한 세계적인 가수들의 말로를 연구해보면 놀랄 것입니다. 대부분의 가수들이 마약에 중독이 되고 성적으로 타락하고 자살하였습니다.

두발가인은 날카로운 살상 무기를 만들었습니다. 사람을 죽이고 노래를 부르는 악독함을 보여주고 있습니다. "라멕이 아내들에게 이르되 아다와 씰라여 내 목소리를 들으라 라멕의 아내들이여 내 말을 들으라 나의 상처로 말미암아 내가 사람을 죽였고 나의 상함으로 말미암아 소년을 죽였도다"(창 4:23).

일부다처(一夫多妻)제가 시작이 되고 자신의 상처로 말미암아 사람을 죽이는 끔찍한 일을 저지르고 노래를 부르는 모습을 보십시오. 사탄에게 붙잡힌 인생이 얼마나 악하게 되는지를 보여주고 있습니다. 지금 테러집단인 모슬렘(IS)들을 보는 것 같습니다.

하나님을 떠난 인간은 서로를 믿지 못하는 불신의 늪에 빠졌습니다. 그래서 전쟁과 테러가 끊임없이 일어나고 있습니다. 심지어 미국에서는 총기 사고로 목숨을 잃는 사람이 전쟁으로 죽은 숫자보다 많아지고 있습니다. 이렇게 후손들이 실패하게 됩니다. 원인이 도대체 무엇입니까? 실패와 성공의 기준은 예물입니다.

성경의 증언을 들어 보십시오. "믿음으로 아벨은 가인보다 더 나은 제사를 하나님께 드림으로 의로운 자라 하시는 증거를 얻었으니 하나님이 그 예물에 대하여 증언하심이라 그가 죽었으나 그 믿음으로써 지금도 말하느니라"(히 11:4).

성경의 기준은 예수 그리스도입니다. 그리스도 언약을 붙잡았느냐? 놓쳤느냐? 이것이 모든 것을 결정합니다. 그 이유는 창세기 3장의 원죄 때문입니다. 원죄문제를 해결할 수 있는 유일한 길은 창세기 3장 15절에 약속하신 "여자의 후손"입니다. 그러니 속으면 안 됩니다. 정확한 그리스도 언약을 붙잡고 예배에 성공해야 합니다. 진짜 예배 성공자로 서야 합니다. 예배 성공하려면 오직 그리스도가 되어야 합니다. 아벨이 "양을 쳤다"는 말은 복음 회복입니다. 언약을 붙잡았다는 것입니다. 아벨은 날마다 양을 잡아 "희생 제사"를 드렸습니다. 날마다 복음을 붙잡고 누리는 전도자였습니다.

히브리서 9장 22절에 "율법을 따라 거의 모든 물건이 피로써 정결하게 되나니 피 흘림이 없이는 사함이 없느니라" 양의 피, 그리스도의 피가 없이는 사함이 없다는 말씀입니다.

복음이 회복되지 않으면 창세기 3장 문제는 해결이 안 됩니다. 창세기 3장 문제 해결은 오직 복음밖에 없습니다. 메시지의 중심이 복음이어야 합니다. 복음이 빠져버린 메시지는 설교가 아닙니다. 연설에 불과합니다. 그래서 강단이 중요합니다. 로마서 10장 17절에 "믿음은 들음에서 나며 들음은 그리스도의 말씀으로 말미암았느니라"라고 했습니다. 뒤에 있는 구절이 중요합니다. 무조건 들어야 하는 것이 아니라 그리스도의 말씀을 들어야 합니다. 그리스도의 정확한 복음을 들어야 합니다. 복음이 안 들어가면 우리 영혼은 절대로 회복되지 않습니다. 복음 메시지를 들어야 합니다. 복음이 담긴 말씀을 들어야 살게 됩니다. 복음은 하나님의 능력입니다. 고린도전서 1장 24절에 보면 바울이 이렇게 말했습니다. "그리스도는 하나님의 능력이요. 하나님의 지혜라" 놀라운 일이 일어납니다. 삶 자체가 영적 예배가 되어야 합니다(롬 12:1).

"그러므로 형제들아 내가 하나님의 모든 자비하심으로 너희를 권하노니 너희 몸을 하나님이 기뻐하시는 거룩한 산 제물로 드리라 이는 너희가 드릴 영적 예배니라"

사탄의 전략을 알아야 합니다. 예배를 실패시키는 것입니다. 마태복음 4장 1절부터 11절에 마귀가 예수님을 시험하러 왔습니다. 마귀는 육신적인 것을 줍니다. 명예도 얻게 해줍니다. 그리고 "내게 경배하라" 예배를 빼앗는 것입니다. 예배를 빼앗기면 죽습니다. 사탄의 목적은 예배를 빼앗는 것입니다. 예배라는 말은 경배라는 뜻입니다. 경배는 오직 하나님께만 드리는 것입니다. 하나님께 드리는 예배의 핵심은 그리스도입니다. 이것이 빠지면 큰일 납니다. 사탄은 의식주 문제를 해결해주고 명예를 주면서 예배를 빼앗습니다.

요한복음 4장 1절부터 26절에 수가성의 여인을 보면 예배를 실컷 드리고도 실패합니다. 가인과 같은 종교적인 예배, 생명이 없는 예배를 드리기 때문입니다. 예수님이 옆에 서 계셔도 알지 못합니다. 그리스도의 비밀을 모르고 예배를 드린 것입니다. 개인, 가정 다 실패했습니다. 그리스도의 언약을 붙잡고 예배 성공하면 모든 것 성공합니다. 요한복음 4장 23절에 하나님은 영과 진리로 예배하는 자를 찾으신다고 하셨습니다. 그래서 24절에 "예배하는 자는 영과 진리로 예배할지니라"라고 하셨습니다. 아벨의 예배는 그리스도를 설명하고 있는 것입니다. 그래야 창세기 3장의 저주가 무너집니다. 사탄의 세력이 무너집니다. 지옥의 배경이 무너집니다.

가인이 아벨을 죽였습니다. 지구 상의 첫 번째 살인 사건입니다. 그 배후에는 사탄이 역사합니다. 언약을 놓친 백성을 마음껏 이용하는 것입니다. 단순한 살인사건이 아닙니다. 언약의 대를 끊어버린 것입니다. 사탄의 목표는 후대를 죽이는 것입니다. 언약을 붙잡은 후대를 목표로 삼고 있습니다. 아벨이 죽으니 언약의 바통을 전달할 사람이 끊어졌습니다.

그래서 누가복음 23장 28절에 예수님께서 "예루살렘의 딸들아 나를 위하여 울지 말고 너희와 너희 자녀를 위하여 울라"라고 하셨습니다. 모세가 태어날 무렵에도 바로 왕이 영아 살해 명령을 내려서 수많은 아이들을 죽였습니다. 예수님이 탄생하실 때도 헤롯왕이 두 살 이하의 아이들을 죽였습니다. 지금도 사탄은 후대들에게 언약이 전달되지 못하도록 방해를 합니다. 세상에서 성공을 해도 복음을 모르면 결국은 실패하기 때문입니다. 사탄은 도둑질하고 죽이고 멸망을 시키는 전문가입니다. 테러의 원조입니다. 테러의 원조를 박살내야 합니다. 지구촌에 테러를 일으키는 집단과 전쟁을 해서 근본적인 문제가 해결되지 않습니다. 테러의 원조인 사탄을 꺾어야 됩니다. 사탄이 테러범들을 배후에서 조종하고 있기 때문입니다. 사탄을 이길 수 있는 분은 오직 만왕의 왕이신 그리스도뿐입니다. 후대들이 게임이나 스마트폰에 중독이 되어 복음에 집중을 하지 못하게 합니다. 복음에 중독된 후대가 나오면 세계복음화가 이루어지기 때문입니다.

디모데후서 3장 15절에 "또 어려서부터 성경을 알았나니 성경은 능히 너로 하여금 그리스도 예수 안에 있는 믿음으로 말미암아 구원에 이르는 지혜가 있게 하느니라"라고 했습니다. 어릴 때부터 복음을 후대들에게 각인시키고 뿌리내리고 체질화시켜야 될 이유입니다.

예수 그리스도께서 아벨을 지구 생기고 첫 순교자로 언급을 하셨습니다. "의인 아벨의 피로부터 성전과 제단 사이에서 너희가 죽인 바가랴의 아들 사가랴의 피까지 땅 위에서 흘린 의로운 피가 다시 너희에게로 돌아가리라"(마 23:35).

아벨은 오실 그리스도의 언약을 붙잡고 복음운동을 한 것입니다. 복음운동을 하다가 순교를 당한 것입니다. 사도행전 7장 56절부터 60절에 보면 스데반이 복음을 전하다가 유대인들에 의하여 순교를 당하는 모습과 흡사합니다. 그리스도의 복음을 위하여 살다가 순교를 당하는 것은 최고의 영광입니다. 고 손양원 목사는 두 아들이 공산주의자들로부터 죽임을 당하고 나서 한 집안에 순교자 한 명만 나와도 영광인데 두 명씩이나 나오게 하셔서 감사하다고 고백했습니다.

히브리서 9장 27절에 "한번 죽는 것은 사람에게 정해진 것이요 그 후에는 심판이 있으리니" 사람으로 태어나면 한 번 죽는 것은 피할 수 없는 운명이 되었습니다. 어떻게 죽느냐가 중요합니다.

창세기 2장 17절에 "동산 중앙에 있는 선악을 알게 하는 나무의 실과를 먹지 말라 먹는 날에는 반드시 죽으리라" 하셨는데 창세기 3장에 사탄의 유혹을 받고 선악과를 따먹고 말았습니다. 이때부터 죽음이 시작되어 지금까지 계속되고 있습니다. 이 죽음의 문제를 해결할 수 있는 분은 창세기 3장 15절에 약속된 "여자의 후손"이신 그리스도이십니다. 오직 그리스도입니다. 다른 이름을 주신 적이 없습니다.

"다른 이로써는 구원을 받을 수 없나니 천하 사람 중에 구원을 받을 만한 이름을 우리에게 주신 일이 없음이라"(행 4:12). 그 이름을 위하여 생명을 걸 수 있는 사람이 제자입니다. 단 하루를 살아도 그리스도의 제자로 살고 그리스도의 제자를 세우는 일에 쓰임 받는 사람이 행복한 인생입니다. 아벨은 복음과 자기 생명을 바꾸었습니다. 복음의 가치를 알았던 전도자였습니다.

Ⅷ. 다른 씨 언약

이때 하나님은 다른 씨를 주셨습니다.

"아담이 다시 자기 아내와 동침하매 그가 아들을 낳아 그의 이름을 셋이라 하였으니 이는 하나님이 내게 가인이 죽인 아벨 대신에 다른 씨를 주셨다 함이며"(창 4:25). 아벨 대신 다른 씨를 주셨습니다. 셋입니다. 셋을 이야기하고자 하는 것이 아닙니다. 셋은 언약의 씨를 전달할 시대적인 천명을 받은 사람일 뿐입니다. 씨는 그리스도 언약입니다. 아브라함이 자기 아내 사라를 바로 왕에게 내어주고(창 12:10~20), 아비멜렉에게 내어줬던(창 20장) 것도 씨 때문이었습니다. 씨를 가진 나는 살아야 된다. 당신은 밭이기 때문에 바꾸면 된다고 생각했던 것입니다. 물론 불신앙도 작용을 했습니다. 사라를 통해 아들을 주시겠다는 말씀을 믿지 않았던 것입니다. 인간적으로 나이가 들어서 아이를 가질 수 없는 상황이기도 했습니다. 불신앙을 가질만한 조건이 되었습니다. 우리 수준에 하나님을 가두려고 하기 때문에 불신앙이 생기는 것입니다. 하나님은 전능자이십니다.

아브라함이 불신앙을 하면서도 한 가지는 분명하게 붙잡고 있었습니다. 바로 "씨 언약"입니다. 이 불신앙 때문에 하갈을 통해서 이스마엘이 태어나 지금 전 세계가 테러로 고통을 당하고 있습니다. 아브라함 속에 각인되고 뿌리내리고 체질화된 불신앙으로 인하여 후손들이 고통을 당하고 있다는 사실을 교훈 삼아야 합니다. 지금 우리 속에 있는 불신앙을 뽑아내지 않으면 후대들에게 고통이 따르게 됩니다.

하나님의 불가항력적인 은혜로 구원을 받아서 신분은 바뀌었지만 옛날에 각인되고 뿌리내리고 체질화된 상태를 그대로 가지고 있다가 결정적인 순간에 나옵니다. 각인되고 뿌리내리고 체질화된 것을 바꾸지 않으면 안 되기 때문에 복음에 집중해야 합니다.

창세기 38장에 다말이 시아버지와 동침한 것도 씨 때문입니다. 유다 속에 씨가 있다는 것을 안 것입니다. 온통 성경은 그리스도를 설명하고 있습니다.

성경은 단순한 역사책이 아닙니다. 그리스도를 설명하기 위하여 기록한 책입니다. 지금 신학자들 중에 창세기는 신화라고 주장하는 사람들이 있습니다. 하나님께서 신학자들에게 신화가 아님을 체험하게 만드실 것입니다. 니체는 목회자의 자녀이며 신학교를 다녔고 전도사까지 했던 사람이었는데 하나님이 죽었다고 했습니다. 나중에 정신이 돌아서 비참하게 죽음을 맞이했습니다. 하나님의 은혜가 아니면 복음을 깨달을 수 없습니다. "너희는 그 은혜에 의하여 믿음으로 말미암아 구원을 받았으니 이것은 너희에게서 난 것이 아니요 하나님의 선물이라"(엡 2:8).

마태복음 16장 16절부터 17절에 "시몬 베드로가 대답하여 이르되 주는 그리스도시오 살아계신 하나님의 아들이시니이다. 예수께서 대답하여 이르시되 바요나 시몬아 네가 복이 있도다 이를 네게 알게 한 이는 혈육이 아니요 하늘에 계신 내 아버지시니라" 예수가 그리스도이심을 깨달은 자가 진정으로 복을 받은 사람입니다. 그 이유는 우리를 철저히 멸망시킨 사탄을 멸하러 오신 분이 그리스도이시기 때문입니다.

IX. 언약의 후대를 키워라 (족보)

창세기 5장 족보를 보면 열 명의 사람이 나옵니다. 아담, 셋, 에노스, 게난, 마할랄렐, 야렛, 에녹, 므두셀라, 라멕, 노아입니다. 열명의 연대가 약 천 년입니다. 그냥 족보가 아닙니다. 창세기 3장 15절 여자의 후손과 가죽옷 언약을 아담에게 주셨습니다. 아담이 구백삼십 년 살았습니다. 노아의 아버지 라멕이 열세 살 먹을 때까지 살아 있었습니다. 창세기 1장부터 2장까지 에덴동산에서 살아본 사람은 아담과 하와 밖에 없습니다. 그러던 아담과 하와가 창세기 3장의 저주 속에 빠진 것입니다. 천당과 지옥을 경험한 사람입니다. 그때 하나님께서 창세기 3장 15절 여자의 후손의 언약을 주시고, 21절에 가죽옷을 입혀주셨습니다. 양(그리스도)의 피로 의인(義人)이 되게 하셨습니다. 그리고 아담에게 한(恨)을 가지고 언약을 전달하게 하신 것입니다. 이것 때문에 오래 살아야 합니다. 언약 전

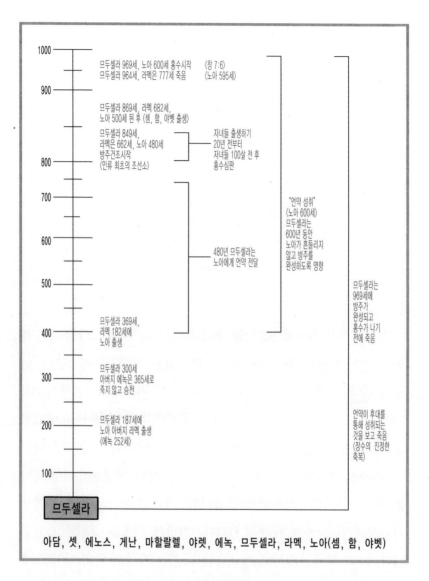

아담, 셋, 에노스, 게난, 마할랄렐, 야렛, 에녹, 므두셀라, 라멕, 노아(셈, 함, 야벳)

달하기 위해서 아담을 오래 살게 하셨습니다.

지구 상에서 가장 오래 산 사람이 므두셀라입니다. 구백육십구

세까지 살았습니다. 므두셀라는 노아가 방주를 완성하고 홍수가 나기 직전에 불러가셨습니다. 노아의 아버지 라멕은 므두셀라보다 오년 먼저인 칠백칠십 칠세에 죽었습니다. 언약이 희미해서입니다. 정확한 복음을 전달해야 할 때인데 다른 것을 전달하려고 하니까 하나님께서 불러 가신 것입니다. 므두셀라의 아버지는 에녹입니다. 에녹은 삼 백 년간 하나님과 동행했습니다. 그것을 므두셀라가 본 것입니다. 지구 상 최초로 죽음을 맛보지 않고 승천한 사람입니다. 그것을 므두셀라가 봤습니다. 자녀에게 신앙의 모델이 될 수 있는 부모는 성공한 사람입니다. 가장 확실한 사람이기에 노아 곁에 끝까지 있게 하신 것입니다. 모든 조상들을 통해 므두셀라에게 전달되었던 언약이 노아에게 전달된 것입니다. 이것이 하나님의 방법입니다. 하나님의 관심은 언약의 가문입니다. 언약의 대를 이어가는 언약의 명문 가문을 세우시는 것입니다. 후대에게 언약이 전달되지 않으면 재앙을 막을 길이 없습니다. 사탄의 역사를 막을 방법이 없습니다. 잠언 22장 6절에 "마땅히 행할 길을 아이에게 가르치라 그리하면 늙어서도 그것을 떠나지 아니하리라"라고 하셨습니다. 성경 전체의 가장 중요한 큰 흐름이기도 합니다.

창세기 5장을 보면 "낳았고" "낳았으며"라는 말씀이 스물한 번이나 계속됩니다. 첫 번째 "낳았고"는 언약의 바통을 이어갈 사람들입니다. 그리고 팔백 년 이상, 또는 칠백 년 이상 살면서 자식을 "낳았으며"라고 합니다. 언약의 바통을 전달한 사람의 이름만 기록이 되었고 그 수많은 자녀들의 이름은 한 명도 기록이 없습니다. 여기서 하나님의 관심이 어디에 계시는지 알 수 있습니다. 하나님의 관심은 재산이나 성공이 아닙니다. 오직 언약을 전달하는 것입니다. 언약이 전달되지 않으면 재앙을 막을 길이 없기 때문입니다. 어떤 창조과학자는 홍수로 심판을 당하기 직전의 지구 상의 인구를 약 십억 명 정도로 예측을 하였습니다. 팔백 년 이상 자녀를 낳았기 때문에 그 자녀의 자녀들이 또 결혼을 해서 자녀를 낳아 번성을 했을 것입니다. 언약을 놓친 백성들은 아무리 번성을 해도 축복이 아닙니다. 그리고 "죽었더라"입니다. 아담의 후손은 반드시 죽게 됩니다. 성경은 죽기 전에 언약을 가진 후대를 남겨야 될 것을 말씀하고 계십니다.

그래서 창세기 5장의 제목이 "언약의 후대를 키워라. 언약을 전달하라."입니다. 홍수가 있기 전에 노아의 조상들을 다 불러가셨습니다. 초점이 노아에게 맞춰진 것입니다. 시대 살릴 한 사람만 남겨 놓으신 것입니다. 그 한 사람을 키우는 것이 가장 중요한 사역입니다. 언약을 가진 한 사람을 통해 한 시대를 살리는 응답이 나타났습니다.

믿음의 조상들을 통하여 약 육백 년 동안 노아에게 그리스도의 언약을 각인시키고 뿌리내리고 체질화되게 해서 개인화를 시켰습니다. 절대 흔들리지 않는 제자로 만들었습니다.

X. 네피림 시대 방주(船) 언약

프리메이슨(Free Mason)의 뿌리가 네피림입니다.

사탄(네피림)이 결혼을 통하여 가정으로 파고 들어왔습니다.

"하나님의 아들들이 사람의 딸들의 아름다움을 보고 자기들이 좋아하는 모든 여자를 아내로 삼는지라"(창 6:2).

"당시에 땅에는 네피림이 있었고 그 후에도 하나님의 아들들이 사람들의 딸들에게로 들어와 자식을 낳았으니 그들은 용사(勇士)라 고대에 명성(名聲)이 있는 사람들이었더라"(창 6:4).

가정을 실패시키는 주범이 사탄입니다. 21세기도 가정 위기시대입니다. 선진국을 중심으로 거의 모든 가정에 위기가 왔습니다. 가정이 무너지면 가장 큰 상처는 후대들의 몫이 될 것입니다. 사탄이 노리는 최종 목표입니다. 하나님의 계획이 후대들에게 있다는 사실을 사탄도 너무나 잘 알고 공격을 하고 있는 것입니다.

창세기 3장 사건 이후에 하나님이 사람 지으셨음을 한탄하실 정도로 타락했습니다. 칼빈이 말했던 것처럼 전적 타락하여 전적으로 부패한 상태가 되어 결국 심판을 받게 되었습니다. 얼마나 타락을 했던지 하나님께서 "나의 영이 영원히 사람과 함께 하지 아니하리니 이는 그들이 육신이 됨이라"(창 6:3)라고 말씀하셨습니다. 영적 존재로 창조된 인간이 완전히 육신(肉身)적인 존재로 전락(顚落) 하였습니다. 이때부터 인간들은 물질 중심으로 살게 되었습니다. 백이십 년 후에 무서운 심판이 있을 것을 노아가 경고했지만 그 누구도 관심을 갖지 않았습니다. 오직 육신적인 것을 위하여 올인하였습니다. 누가복음 17장 27절에 "노아가 방주에 들어가던 날까지 사람들이 먹고 마시고 장가들고 시집가더니 홍수가 나서 그들을 다 멸망시켰으며"라고 기록하고 있습니다. 지금도 사람들은 의식주(衣食住)를 가장 중요하게 생각합니다. 배만 부르면 만족하는 동물 수준이 된 것입니다.

요한3서 1장 2절에는 "사랑하는 자여 네 영혼이 잘됨 같이 네가 범사에 잘되고 강건하기를 내가 간구하노라"라고 했습니다. 우리는 육신만 가지고 사는 것이 아닙니다. 육신은 영혼의 집에 불과합니다. 영혼을 담고 있기 때문에 육신이 중요한 것입니다. 영혼이 잘되는 것이 가장 우선시되어야 한다는 말씀입니다. 마태복음 4장 4절에 예수님께서 "사람이 떡으로만 살 것이 아니요 하나님의 입으로부터 나오는 모든 말씀으로 살 것이라"라고 하셨습니다. 떡이 필요 없다고 말씀하지 않으셨습니다. 육신을 가지고 있으니까 떡이 당연히 필요합니다. 그러나 우리의 영혼이 더 중요합니다. 영혼의 양식은 하나님의 입으로 나오는 복음의 말씀입니다.

　노아 시대의 사람들은 하나님의 말씀에는 귀를 닫아버렸습니다. 사탄의 최고의 전략입니다. 하나님의 말씀이 귀에 안 들려지면 영적으로 중병이 든 것입니다. 사람이 육신적으로 중병이 들면 가장 먼저 식욕(食慾)이 없어집니다. 영적인 중병이 들면 가장 먼저 영적인 양식(말씀)이 맛이 없게 됩니다. 특별히 복음이 안 들립니다. 영적으로 가장 무기력한 상태는 하나님의 말씀을 듣지 못하는 것입니다. 그래서 오직 육신적인 것에만 관심을 가지고 살게 되었습니다. 짐승보다 어리석은 것이 영적으로 무지한 인간입니다. 빈손으로 태어났다가 죽을 때 빈손으로 간다는 사실을 모르고 살고 있기 때문입니다. 마치 세상에서 소유하고 있는 것을 영원히 소유할 것처럼 생각을 합니다.

　결국 하나님께서 세상을 홍수로 심판하시기로 작정하시고 노아에게 방주(方舟)를 만들라고 명령을 내리셨습니다. 하나님께서 직접 설계도까지 주셨습니다. 복음이 하나님께로부터 왔다는 것을 의미합니다. 구원이 하나님께로부터 왔다는 것입니다. 지구 상에 최초의 배(船)가 방주입니다. 최초의 조선소(造船所)는 산에 있었습니다. 우리의 상식으로는 이해가 되지 않습니다. 조선소는 강이나 바닷가에 있는 것이 상식입니다. 신앙생활은 우리의 상식을 가지고 하는 것이 아닙니다. 하나님의 말씀대로 하는 것입니다. 방주(船=舟+

八+口)에 여덟 명이 들어갔습니다. 누구 이야기입니까? 노아의 가족 이야기입니다. 하나님께서 노아의 가족을 방주에 들여보내고 문을 닫으셨습니다.

"들어간 것들은 모든 것의 암수라 하나님이 그에게 명하신 대로 들어가매 여호와께서 그를 들여보내고 문을 닫으시니라"(창 7:16).

하나님이 문을 닫으면 열 자가 없고 열면 닫을 자가 없습니다. 하나님께서 방주의 문을 닫으셨다는 말은 시간표가 있다는 뜻입니다. 구원의 문을 여시는 분도 닫으시는 분도 하나님이십니다. 구원은 하나님의 절대 주권적인 사역이십니다. 그 일에 쓰임 받는 사람이 복이 있는 자입니다. 그 사람을 전도자라고 하는 것입니다.

하나님께서 일백이십 년 기회를 주시고 칠일 간의 유예기간까지 주셨습니다. 기회는 항상 있는 것이 아닙니다. 기회를 주실 때 붙잡아야 합니다. 기회를 놓치면 끝입니다. 구원의 기회를 놓치면 절대 안 됩니다. 방주를 가지고 그리스도를 설명합니다. 홍수 사건은 사십 주야(낮, 밤) 하나님께서 비를 내리시는 데 궁창 위에 물(수증기)이 다 쏟아졌습니다. 창세기 1장 7절에 하나님께서 궁창(하늘)을 만드시고 궁창 아래의 물과 궁창 위의 물로 나뉘게 하셨습니다. 그 궁창 위의 물이 다 쏟아져서 천하의 높은 산을 덮은 채로 백오십일일(5개월) 동안 있었습니다. 지하(地下)에 있는 물 근원이 다 터졌습니다. 물이 다 빠질 때까지 일 년이 걸렸습니다. 코로 숨 쉬는 것은 다 죽었습니다. 그런데 놀라운 것은 세상은 물로 심판을 받았지만 방주에 들어간 노아의 가족들은 물 때문에 구원을 받았습니다. 이것이 비밀입니다. 언약이 없는 사람은 문제가 재앙입니다. 언약을 가진 자는 문제가 축복이 됩니다. 방주는 그리스도의 모형입니다. 그리스도 안에 있으면 안전하고 밖에 있으면 죽습니다. 방주 안에 들어오지 않은 사람은 다 죽었습니다. 방주 안에 있던 노아의 가족들만 살았습니다. 그리스도 안에 들어오면 삽니다. 이유가 없습니다. 믿으면 삽니다. 그냥 들어오기만 하면 삽니다. 방주는 그리스도를 설명하고 있습니다. 그림자와 예언으로 설명하고 있습니다. 창세기 3장의 저주를 해결할 수 있는 분은 오직 그리스도이십니다.

그리스도의 언약을 붙잡은 자가 전문성을 가지고 있으면 하나님이 복을 주십니다. 방주 만드는 기능을 가지고 있는 노아에게 세계 경제를 허락하셨습니다. 이것을 선교 기업이라고 합니다. 세계복음화를 위하여 쓰여지는 경제가 축복입니다. 지금도 선박을 만드는 사람들은 많습니다. 그러나 선박을 만드는 사람이 누구냐가 중요합니다. 언약의 사람 노아가 방주를 만들어 세계 경제를 장악했던 것처럼 응답받는 증인들이 되기를 바랍니다. 다윗 시대에도 물매를 던지는 사람들은 많았습니다. 그러나 물매가 누구의 손에 들려지느냐에 따라서 결과가 달라집니다. 물매를 가지고 양을 지키면서 먹고사는 문제를 해결하는 사람이 있는가 하면 다윗처럼 골리앗을 꺾고 정상의 자리에 올라가서 만군의 여호와의 이름을 세계에 알리는 사람도 있습니다.

산업인들이 믿음과 실력을 갖추고 있으면 복음 경제를 회복시키십니다. 일백이십 년 동안 흔들림 없이 산에서 배를 만들 만큼 언약을 확실하게 붙잡아야 합니다. 세계선교를 가장 확실하게 했습니다. 방주 안에 들어갔다 나오니 지구 상에 불신자가 한 명도 없이 다 죽었습니다. 100% 복음화입니다. 비록 사람의 숫자는 여덟 명이지만 완벽한 세계복음화였습니다. 지구가 생기고 처음 있는 일입니다. 세계복음화는 하나님이 하십니다.

노아의 방주는 RUTC(Remnant Unity Training Center)입니다. 노아는 오백 세에 셈과 함과 야벳을 낳았습니다. "노아는 오백 세 된 후에 셈과 함과 야벳을 낳았더라"(창 5:32).

방주를 만들면서 자식을 낳고 키웠습니다. 자식들도 방주 만드는데 동참하였습니다. 방주를 만들면서 결혼을 했습니다. 결혼해서도 방주를 만들었습니다. 이것이 RUTC입니다. 노아는 방주 안에서 후대 세 명을 키웠습니다. 지금 지구상에 태어난 사람들은 노아의 세 아들을 통해 번성된 사람들입니다. 물이 바다를 덮음 같이 온 지구를 덮었습니다.

지금 살아있는 사람만 칠십삼억 사천 육백만 명입니다. 이것이 후대 운동입니다. 그래서 RUTC에 인생을 올인해야 하는 것입니다. 후대 운동에 올인한 사람은 하나님이 복을 주실 수밖에 없습니다. 후대 운동은 미래를 살리는 운동입니다. 방주 운동은 복음운동입니다. 하나님께 은혜를 받은 사람만이 복음운동을 할 수 있습니다. 복음운동은 자신과 후대를 살리는 것입니다. 네피림(사탄)을 이길 수 있는 유일한 길은 그리스도이십니다.

노아는 시대를 보는 눈이 열렸습니다. 네피림 시대를 본 것입니다. 이것 때문에 나를 부르셨다는 소명의식과 방주를 만들어야 될 이유를 발견한 사명의식이 확실한 시대의 전도자였습니다. 전도자는 반드시 역사의식, 사명의식, 소명의식을 가지고 있어야 합니다. 의식이 없는 사람을 식물인간이라고 합니다. 세 가지 의식이 없는 신자를 영적인 식물인간이라고 하는 것입니다. 식물인간은 무능력하고 무기력하게 살다가 세상을 떠나게 됩니다. 노아 외에 그 시대 사람들의 모습이었습니다. 지금도 영적인 식물인간들이 많습니다. 노아는 그리스도의 언약을 확실하게 붙잡고 승리했습니다. 노아처럼 그리스도 언약을 굳게 붙잡은 자는 반드시 승리하게 됩니다. 언약의 사람이 세계를 정복합니다. "믿음으로 노아는 아직 보이지 않는 일에 경고하심을 받아 경외함으로 방주를 준비하여 그 집을 구원하였으니 이로 말미암아 세상을 정죄하고 믿음을 따르는 의의 상속자가 되었느니라"(히 11:7).

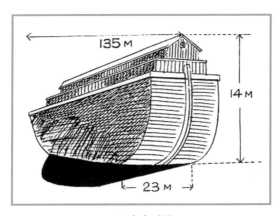

노아의 방주

XI. 무지개 언약

　　하나님께서 다시는 물로 심판하지 않으실 것을 약속하시면서 무지개를 증표로 주셨습니다(창 9:8~17). 그 약속은 지금까지 지켜져 왔고 앞으로도 유효한 언약의 증표입니다. 여기서 우리는 사탄의 전략 두 가지를 보도록 하겠습니다.

　　첫째, 하나님의 언약의 말씀을 믿지 않는 것입니다. 무지개를 언약의 증표로 주시면서 다시는 물로 심판하지 않겠다고 약속하셨습니다. 훗날 쌓은 바벨탑은 하나님의 언약을 믿지 않은 사람들이 도피처로 만든 것입니다. 하늘에서 비가 내리면 불안했습니다. 또다시 홍수로 멸망을 받을까 봐 두려웠습니다. 하나님의 언약이 각인이 되지 않으면 인본주의를 쓸 수밖에 없는 것입니다. 바벨탑은 높이가 210m, 지금 50층의 초고층 빌딩 높이라고 합니다. 수천 년 전에 이렇게 높은 건물을 지을 수 있다는 것이 놀라운 일입니다. 사탄이 자신의 능력을 세상에 보여준 사건이라고 할 수 있습니다. 지금도 무당들이 굿을 할 때에 작두 위에 돼지를 메고 맨발로 올라가서 춤을 추는데 아무렇지도 않습니다. 사탄이 자신의 능력을 보여줘서 복종하도록 하는 것과 같은 것입니다. 홍수가 나면 높은 곳으로 도피해서 살길을 찾겠다는 지극히 인본주의 사상이 깔린 것입니다. 사탄이 우리 인간 속에 각인시킨 불신앙이 이렇게 무서운 것입니다. 불신앙을 제거하지 않으면 사탄에게 당합니다. 그 큰 구원을 체험하고도 금방 불신앙 때문에 사탄의 전략에 속아서 실패하고 맙니다. 사탄은 항상 하나님의 언약에 대한 불신앙을 하게 만들어서 망하게 만듭니다.

둘째, 무지개 언약을 사탄이 뒤집어 놓았습니다. 언약의 증표인 무지개(rainbow)를 동성애(homosexuality) 자들의 상징(symbol)으로 사용하고 있습니다. 미국 샌프란시스코(San Francisco)에 가보니까 시청 앞에 대형 무지개 깃발을 중심으로 모든 도로변에 무지개 깃발이 날리고 있고, 상가에 있는 매장마다 동성애자들을 위한 상품들을 진열하여 판매하고 있습니다. 전 세계 나라마다 동성애자들의 퀴어 축제(queer festival)가 열리면 등장하는 것이 무지개 깃발입니다. 이것을 어떻게 축제라고 할 수 있겠습니까? 그야말로 재앙입니다. 사탄은 대적자라는 뜻입니다. 끝까지 하나님을 대적하고, 인간으로 하여금 하나님을 대적하도록 만들고 있는 것입니다. 동성애는 하늘의 뜻을 거스리는 죄입니다. 다시는 물로 심판하지 않겠

다고 약속하시면서 언약의 증표로 주신 무지개 언약을 타락의 상징
(symbol)으로 악용을 하는 죄를 더하고 있습니다. 영적 무지로 인하
여 사탄에게 속아서 하늘의 뜻을 거스르고 살아가는 수많은 동성애
자들이 사탄의 머리를 깨뜨리신 그리스도를 통하여 구원을 받고 참
된 평안과 안식을 회복하기를 기도합시다.

무지개 언약

XII. 셈에게 전달된 언약

　　노아의 아들 중에 누구에게 이 언약이 전달되었습니까? 셈입니다. 셈은 아담의 십 일대 손입니다. 창세기 9장 18절부터 27절입니다. 노아가 포도주를 마시고 취해서 자기 장막에서 벌거벗고 잠이 들었습니다. 그 장막에 함이 들어갔습니다. 함이 자기 아버지의 하체를 보고 셈과 야벳에게 알렸습니다.

　　셈과 야벳이 그 소식을 듣고 자기 아버지의 하체를 보지 않고 덮어주려고 자기들의 옷을 가지고 뒷걸음쳐 들어가서 덮어주고 나왔습니다. 그 후 노아가 술이 깨어 상황을 알게 되었습니다. 노아가 세 아들을 불러놓고 미래를 예언합니다. 셈의 하나님 여호와를 찬송하리로다. 노아가 붙잡은 그리스도 언약이 셈에게 전달이 되었습니다. 하나님의 관심이 여기에 있습니다. 찬송할 이유는 한 가지밖에 없습니다. 구원입니다. 구원은 그리스도를 통해서만 받습니다.

다른 길이 없습니다. 언약은 생명줄입니다. 아담에게 약속하신 [여자의 후손]이 셈에게 까지 전달이 되었습니다. 야벳은 창대케 되어 셈의 장막으로 들어올 것이다. 이것은 경제의 축복입니다. 가나안 (함의 아들)은 저주를 받아 형제의 종들의 종이 될 것이다. 일꾼입니다. 함이 아버지의 하체를 보고 형제들에게 말을 했는데 왜 아들 가나안이 저주를 받습니까? 언약을 놓치면 사탄이 자녀들을 공격하여 무너지게 합니다. 가장 축복을 받아야 될 사랑하는 자녀들이 무너지는 것을 보고 눈물을 흘리게 됩니다. 자녀들을 키우는 부모들은 반드시 기억해야 합니다. 많은 신자들이 교회 안에서 일어나는 문제를 자녀들에게 쉽게 이야기합니다. 특히 목회자의 허물을 자녀들 앞에서 두려움 없이 말하는 것은 지혜롭지 못한 행동들입니다. 다윗은 악한 사울 왕을 부하들이 죽이려고 하자 여호와께서 기름부으신 자를 손대지 말라고 했습니다. 어느 목사가 심방을 가서 예배를 마치고 식사를 하는데 그 가정의 아이가 쳐다보고 있다가 잘도 쳐 먹네 라고 했답니다. 누구에게 배웠겠습니까? 자녀들에게 전달해야 될 것은 따로 있습니다. 영원한 생명이 되시는 그리스도 언약을 전달해야 자녀들이 살아납니다. 함이 아버지의 허물을 보고 자기 집에 가서 자녀들 앞에서 이야기를 했을 것입니다. 자녀를 실패시키는 확실한 방법입니다.

노아의 세 아들을 통해 인류가 번성되었습니다. 세 아들은 새로운 인류의 대표입니다. 야벳족속은 유럽 족속들입니다. 창대케 되어 결국 셈의 장막으로 들어옵니다. 왜 그렇습니까? 물질적으로는 풍족하지만 영적인 문제를 해결할 수 없기 때문입니다. 영적인 문제는 창세기 3장 사건입니다. 사탄은 돈이면 다 된다는 물질만능주의 사상을 사람들 속에 각인시켰습니다. 지금도 돈이 성공의 기준이 되고 있는 세상입니다. 그러나 돈 가지고 영적인 문제는 해결할 수 없습니다. 그래서 야벳은 영적인 문제를 해결할 수 있는 답을 가진 셈에게 돈을 짊어지고 찾아와서 살려달라고 애원하게 됩니다. 결국 언약 붙잡은 사람의 것이 됩니다. 셈과 같은 언약 가진 한 사람만 나오면 세계복음화는 가능해집니다. 언약이 확실하지 않으니 흑암 경제로 흘러가는 것입니다. 그리스도 언약을 붙잡은 셈이 나오면 빛의 경제, 복음 경제, 미래 경제가 회복됩니다. 셈과 같이 언약을 확실하게 붙잡은 사람이 현장에 없어서 귀신 들린 무당과 무속인들에게 복채를 들고 찾아가는 것입니다. 기독교인들은 많은데 현장에 방황하는 사람들에게 답을 주는 사람은 없습니다. 신학교와 교회도 많은데 현장에서 답을 주는 사람이 없어서 귀신 들린 사람들이 다 장악했습니다. 경제까지 귀신 들린 종교에 다 빼앗겼습니다. 가슴을 치며 회개해야 될 일입니다.

가나안은 저주를 받아 형제들의 종이 되어 결국 셈의 장막으로 들어갑니다. 왜 셈의 장막으로 들어옵니까? 영적인 문제로 오는 저주를 해결하지 못했기 때문입니다. 대한민국 레슬링 국가 대표이자 대기업의 과장으로 잘 나가던 사람이 무병(신이 주는 병)으로 신을 받아 지금은 무속인으로 살고 있습니다. 아무리 건강한 사람도 영적 문제를 이길 수 없습니다.

그래서 그리스도를 믿어야 합니다. 물질과 건강의 주인은 하나님이십니다. 하나님께서 언약을 붙잡은 사람의 장막에 다 집어넣으십니다. 셈은 아담의 십일 대손입니다. 결국 언약을 붙잡은 사람이 세계를 정복하는 것입니다. 언약이 없는 사람들이 세계를 정복하려고 하다가 망했습니다. 대표적인 인물들이 니므롯, 알렉산더, 칭기즈칸, 나폴레옹, 히틀러, 스탈린, 로마의 황제와 같은 사람들입니다. 하나님께서는 불신자에게 세상을 정복하고 다스리는 복을 주지 않으셨습니다. 불신자도 잠시 세상을 정복하고 다스릴 수는 있지만 그것이 복이 되지는 않는다는 말입니다. 복을 받지 못한 사람들이 정복하고 다스리려고 하니까 세상에 더 큰 재앙이 오는 것입니다.

나폴레옹은 산타헤르나 섬에 유배되어 죽기 전에 '나는 땅 한 평도 차지하지 못했는데, 예수 그리스도는 사랑으로 세상을 정복했노라'고 했다고 합니다. 그리스도 언약을 붙잡은 사람이 경제도 장악하는 것입니다. 전도서 2장 28절을 보면 불신자들에게 노고를 주셔서 모아 쌓게 하셨다가 하나님이 기뻐하시는 자에게 주신다고 하셨습니다. 하나님이 불신자들에게 노고를 주셔서 부를 축적하게 만들었다가 결국은 하나님이 기뻐하시는 자에게 주십니다. 전도와 선교 때문입니다. 또 성경에 보면 "짓지 않는 집에서 살 것이고 심지 않는 과실을 먹을 것이다"라고 하셨습니다. 누가복음 6장 38절에 "누르고 흔들어 넘치도록 안겨줄 것이다"라고 하셨습니다. 마태복음 6장 1절부터 32절에 불신자들이 목을 매는 의식주 문제를 설명하셨습니다. 전도자는 의식주 문제를 걱정하지 않아도 됩니다. "너희는 먼저 그의 나라와 그의 의를 구하라 그리하면 이 모든 것을 너희에게 더하시리라"(마 6:33). 학개 2장 8절에 "은도 내 것이요 금도 내 것이니라 만군의 여호와의 말이니라"라고 하셨습니다. 물질의 주인이 하나님이십니다. 주인이 주고 싶은 사람에게 주는 것입니다. 하나님께서 전도자를 책임지십니다.

그리스도인들은 분명한 경제관을 가지고 살아야 합니다. 불신자들이 가지고 있는 경제는 사회와 국가 유지를 위한 것입니다. 영생 주시기로 작정된 자들이 구원받을 때까지 먹고살아야 되기 때문에 경제를 맡기시는 것입니다. 그리스도인들이 가진 경제는 전도와 선교를 위하여 주신 것입니다. 그러므로 그리스도인들의 경제관은 헌금입니다. 헌금은 빛의 경제, 복음 경제, 살리는 경제입니다. 초대교회 성도들은 전 재산을 세계복음화를 위하여 기쁨으로 헌금을 했습니다. 지혜로운 그리스도인들은 물질을 영적인 것을 위하여 투자합니다. 마치 야곱이 팥죽을 가지고 장자의 명분을 산 것과 같고, 다윗이 성전건축을 위하여 사유의 은금을 다 드린 것과 같습니다. 또한 오바댜는 자신의 전 재산을 가지고 미래를 내다보며 선지자 백 명을 키우는 일에 헌신을 했습니다. 백 명의 신학생을 키운 것이 결국 칠천 제자와 도단성 운동으로 연결되어 아람의 재앙을 막고 국가를 살리는 응답을 받게 되었습니다. 영원한 축복으로 연결되었습니다.

다른 것 대충하고 실수해도 괜찮습니다. 그리스도 언약은 단단히 붙잡아야 합니다. 그리스도 언약을 붙잡아야 하는 이유는 창세기 3

장(원죄) 사건 때문입니다. 인간의 근본문제를 해결하는 길은 창세기 3장 15절에 약속된 여자의 후손인 그리스도입니다. 노아는 방주를 만들어 세계를 정복했습니다. 방주는 그리스도의 모형입니다. 아담의 십일 대 손인 셈도 언약을 붙잡고 세계복음화를 했습니다.

성경을 보면 가나안(함의 아들)이 저주를 받았습니다. 사탄은 언약이 희미한 함의 가정과 가문을 파고들어 후대들을 무너뜨립니다. 창세기 10장 6절을 보면 구스가 나옵니다. 구스는 "검다"라는 뜻입니다. 아프리카 가보셨습니까? 아프리카에 가보니 풀이 없고 사람이 살 곳이 아니었습니다. 도시에서 외곽으로 나가니 종이도 없다고 했습니다. 이 사람들의 하루 일과는 물을 기르는 것입니다. 유럽과 아메리카에 노예로 팔려가 말로 다할 수 없는 고통을 당하게 됩니다. 후손의 후손들까지 노예로 살다가 비참하게 죽어갔습니다. 이런 사람들이 살 수 있는 길은 오직 복음뿐입니다. 갈라디아서 3장 28절에 "너희는 유대인이나 헬라인이나 종이나 자유인이나 남자나 여자나 다 그리스도 안에서 하나이니라"라고 하셨습니다. 하나님께서는 사백 년 동안 노예로 살던 이스라엘 민족을 해방시키셨습니다. 바울도 복음을 가지고 노예들을 해방시켰습니다. 우리도 복음으로 살려야 합니다. 이것 때문에 선교사들이 아프리카에서 복음을 전하고 있습니다. 선교사들을 위하여 기도하며 헌금하는 것은 하나님께서 기뻐하시는 향기로운 제물이 됩니다. 시편 68편 31절에 구스가 복음화될 것을 예언하였고, 에티오피아 여왕 간다게의 국고를 맡은 내시가 빌립을 통해 복음을 받고 돌아가 에티오피아가 기독교 국가가 되었습니다(행 8:26~40). 앞으로도 복음으로 아프리카 오십육 개 나라와 민족이 회복이 될 것입니다.

지금은 언약을 가진 사람이 영적인 셈입니다. 흑인이나 백인이나 황인이나 상관없이 언약을 가진 사람이 영적인 셈의 축복을 받게 됩니다. 그리스도 안에서는 차별이 없습니다. 함의 아들 가나안은 소돔과 고모라 성의 원주민이었습니다.

"가나안의 경계는 시돈에서부터 그랄을 지나 가사까지와 소돔과 고모라와 아드마와 스보임을 지나 라사까지였더라"(창 10:19).

소돔과 고모라가 멸망당하기 전에는 여호와의 동산 같고 애굽 땅과 같았습니다.

"이에 롯이 눈을 들어 요단 지역을 바라본즉 소알까지 온 땅에 물이 넉넉하니 여호와께서 소돔과 고모라를 멸하시기 전이었으므로 여호와의 동산 같고 애굽 땅과 같았더라"(창 13:10).

창세기 18장부터 19장에 소돔과 고모라 성은 유황불로 심판을 받아서 지금까지 사해 바다 밑에 수장되어 있습니다. 함의 장자 구스의 아들 중에 니므롯이 나왔습니다.

"구스가 또 니므롯을 낳았으니 그는 세상에 첫 용사라"(창 10:8).

니므롯은 바벨탑을 쌓아 하나님을 대적하는 주동자가 되었습니다.

세상이 홍수로 심판을 받을 때 방주 안에 들어가서 구원과 기적을 체험하고도 이전에 각인되고 뿌리내리고 체질화된 율법 때문에 결국 사탄에게 당했습니다. 인류에게 또다시 창세기 3장의 저주가 시작되는 일에 쓰임 받게 되었고 후대들까지 재앙을 당하게 되었습니다.

사탄의 전략을 볼 수 있어야 합니다. 항상 틈을 타고 찾아와서 넘어뜨립니다. 에베소서 4장 27절에 "마귀에게 틈을 주지 말라"라고 말씀합니다. 베드로전서 5장 8절에 "우는 사자와 같이 두루 다니며 삼킬 자"를 찾아다닙니다. 마태복음 25장 41절에 예수 그리스도께서 재림하실 때까지 활동을 합니다. 그리스도의 복음을 모르면 사탄에게 당합니다. 그러므로 바울은 에베소서 6장에 하나님의 전신갑주를 입으라. 우리의 씨름은 혈과 육에 대한 것이 아니요 정사와 권세와 이 어두움의 세상 주관자들과 하늘에 있는 악의 영들을 상대함이라고 했습니다.

사탄은 모든 사람들이 타락해서 심판을 받아 멸망받기를 원하는 존재입니다. 홍수 심판으로 전 인류를 멸망시킨 사탄은 건재하고 있다가 함을 공격해서 무너뜨린 것입니다. 그래서 우리는 여자의 후손인 그리스도의 복음을 각인시키고 뿌리내리고 체질화시켜야 합니다.

노아의 세 아들은 인류의 새로운 대표입니다. 세 사람을 통해 온 땅에 퍼지게 됩니다. "노아의 이 세 아들로부터 사람들이 온 땅에 퍼지니라"(창 9:19). 지금 지구 상에 존재하는 칠십삼억 명이 다 세 아들을 통해 번성한 사람들입니다. 여기서 우리는 하나를 깨달아야 합니다. 우리의 영적 상태에 따라 응답을 받기도 하고 실패하기도 합니다. 노아의 세 아들의 영적 상태가 미래의 모든 것을 좌우하게 되었음을 깨달아야 합니다.

우리의 영적 상태를 바꾸는 영적 집중이 필요합니다. 불신자들은 뇌 집중(명상)을 통해 능력을 받아 세계를 정복하고 있습니다. 그리스도인들은 하나님의 말씀 묵상을 통하여 천 년의 응답을 받아서 세상을 살리는 그리스도의 제자로 살아가야 합니다.

노아의 세 아들을 통하여 교훈을 삼아야 될 것이 있습니다. 우리가 육신을 입고 세상에 사는 동안 문제가 없을 수가 없습니다. 실수를 하면서 살 수밖에 없습니다. 창세기 3장의 배경을 가지고 태어났기 때문에 모든 사람이 문제를 가지고 있습니다. 구원을 받은 사람들도 마찬 가지입니다. 그러나 문제를 어떤 눈으로 보는가에 따라서 미래가 달라집니다.

문제를 율법의 눈으로 보고 정죄하고 판단하고 비방했던 함과 후손들은 저주를 받게 됩니다.

노아의 잘못이 있다면 성령 충만하여 영적 집중력을 가지고 시대의 제사장으로서 사명을 감당해야 될 사람이 술에 취해 잠이 들 정도로 집중력이 떨어졌던 것입니다. 큰 응답 이후에 영적 집중력이 떨어질 수 있습니다. 우는 사자와 같이 두루 다니며 삼킬 자를 찾아다니는 마귀와 영적 전쟁을 하는 군사들은 항상 깨어 있어야 합니다. 그러나 사실은 자기 장막에서 벌거벗고 잠이 들었기 때문에 크게 문제 될 것은 없었습니다.

구분	율 법	복 음
요구	지키라 (인간 중심)	믿으라, 누리라 (하나님 중심)
목적	죄를 깨닫게 함. 죄인임을 깨닫게 함. 그리스도께 인도하는 몽학선생.	빛, 생명을 주는 것
기능	판단, 정죄, 비난, 멸망의 대상	진단, 해답, 긍휼, 용서, 구원, 승리

문제를 복음의 눈으로 보고 덮어주었던 셈과 야벳과 그 후손들은 축복을 받게 되었습니다. 율법 앞에서는 살 수 있는 사람이 아무도 없습니다. 복음 앞에서는 죽을 사람이 아무도 없습니다. 항상 사람들의 허물을 보고 비방하고 정죄하는 사람들이 있습니다. 함처럼 율법적인 성향이 강한 사람들입니다. 예수님께서 마태복음 7장 1절부터 5절에 남의 눈에 티는 보면서 자기 눈에 들보를 보지 못하는 사람들이라고 말씀하셨습니다. 남에 눈에 있는 벼룩의 털까지 세면서 자기 눈에 들어있는 코끼리는 보지 못하는 영적인 소경들입니다. 복음이 희미해지면 다른 사람들의 단점이 크게 보이고 복음이 확실해지면 다른 사람들의 장점이 크게 보입니다.

저는 예수님을 통해 목회의 큰 방향을 잡았습니다. 요한복음 21장 15절부터 18절에 보면 베드로가 예수님을 부인하고 저주하고 맹세하고 고기잡이로 돌아갔습니다. 그때 예수님께서 찾아오셔서 "요한의 아들 시몬아 네가 이 사람들보다 더 나를 사랑하느냐?"라고 물으셨습니다. 베드로의 그 많은 단점과 실수를 묻지 않으시고 한 가지 장점을 건드리셨습니다. 사람을 살리는 예수님의 방법이십니다. 우리는 예수님의 제자입니다. 예수님의 방법으로 사람을 살리는 전도자가 되어야 합니다.

XIII. 바벨탑 (가짜 성공)

창세기 10장 8절에 보면 구스가 니므롯을 낳았습니다. 니므롯은 바벨탑을 주도한 사람입니다. 지금 말로 하면 통합 대통령입니다. 종교, 정치, 경제, 문화를 통합한 사람입니다. 니므롯이 하나님을 반역한 것입니다. 니므롯은 흑인입니다. 바벨탑 시대에는 흑인이 세계를 지배했습니다. 언약을 놓치면 후손의 후손까지 저주를 받게 됩니다. 하나님의 관심은 언약을 붙잡는 것입니다. 그 이유는 창세기 3장의 저주는 창세기 3장 15절의 약속 "여자의 후손"이신 그리스도만이 해결할 수 있기 때문입니다. 이 언약을 붙잡은 모든 사람은 승리했습니다. 창세기는 66권 중의 한 권이 아닙니다. 창세기에 일어난 사건의 영향이 요한계시록까지 전달됩니다. 인간, 죄, 복음, 인종, 언어의 시작은 창세기입니다. 니므롯이 하나님을 대적하면서 바벨탑을 쌓았습니다. 바벨탑은 인간의 교만을 나타냅니다.

왜 이것이 교만입니까? 사탄은 하나님의 말씀을 뒤집는 것입니다. 창세기 1장 28절에 생육하고 번성하여 땅에 충만하고 정복하고 다스리려면 흩어져야 하는데 흩어짐을 면하려고 바벨탑 중심으로 모였습니다. 항상 문제는 하나님의 말씀을 뒤집을 때 터집니다.

피조물인 인간은 조물주이신 하나님의 말씀에 무조건 아멘 해야 합니다. 고린도후서 1장 20절에 "하나님의 약속은 얼마든지 그리스도 안에서 예가 되니 그런즉 그로 말미암아 우리가 아멘 하여 하나님께 영광을 돌리게 되느니라"라고 말씀하셨습니다. 하나님의 말씀인 성경은 지금까지 수정한 적이 없습니다. 그 이유는 완전하기 때문입니다.

바벨탑은 교만의 극치입니다. 나라마다 탑을 쌓는 것이 문화가 되어 전 세계 사람의 마음을 빼앗는 것입니다. 문화 속에 경제도 있습니다. 결국에는 문화 전쟁이자 경제 전쟁입니다. 사탄은 문화를 가지고 전 세계 사람들의 마음을 장악해갑니다. 바벨탑은 하나님 없이도 성공하는 것처럼 보이는 것입니다. 그러나 결국 다 무너지게 됩니다. 그래서 가짜 성공이라고 합니다. 성공했다 무너지니 얼마나 허무하겠습니까? 그래서 자살을 하게 되는 것입니다. 우리나라도 하루에 사십 명 넘게 자살을 합니다. 전 세계 나라마다 자살문제를 해결하기 위하여 접근하는 것이 복지정책이지만 해결을 할수 없습니다. 진정한 복지는 복음입니다. 복음으로 인생문제에 해답을 주는 것입니다.

바벨탑을 무너뜨리면서 언어를 혼잡하게 만들어 전 세계로 흩어 버리셨습니다. 원래는 지구 상의 언어가 하나였습니다.

"온 땅의 언어가 하나요 말이 하나였더라"(창 11:1).

바벨탑 사건으로 언어가 혼잡하게 되었습니다.

"자 우리가 내려가서 거기서 그들의 언어를 혼잡하게 하여 그들이 서로 알아듣지 못하게 하자 하시고"(창 11:7).

그래서 통역이 필요하게 되었습니다. 이때부터 세계복음화를 해야 될 후대들은 언어를 준비해야 합니다. 언어는 소통할 수 있는 가장 중요한 수단입니다. 언어가 혼잡케 되면서 소통이 어려워졌습니다. 창세기 3장 사건 이후에 인간은 단일 언어로 소통하며 하나님을 대적하는 일을 했습니다. 타락한 인간은 소통이 되지 않는 것이 더 나은 것입니다. 그러나 복음 가진 사람들은 언어가 복음을 전하는 중요한 소통의 수단이 되기 때문에 축복이 되는 것입니다. 구약 성경은 히브리어로 기록되었고 신약 성경은 헬라어로 기록된 것입니다. 성경이 현재 이백 여개 나라의 언어로 번역이 되어 복음이 증거 되고 있습니다. 통번역 사역자들이 중요한 이유입니다.

바벨탑에서 모든 우상 문화가 나옵니다. 니므롯이란 사람은 지금 말하면 전 세계의 대통령입니다. 니므롯을 태양신으로 섬기게 됩니다. 그의 아내는 세미라미스로 달의 신, 아들 담무스는 별의 신으로 섬겼습니다. 태양 신(神), 달 신, 별 신, 사상이 여기에서 나온 것입니다. 니므롯이란 사람은 셈의 의해 죽임을 당했다고 합니다. 세미라미스가 담무스를 낳았는데 이때 세미라미스가 니므롯이 환생했다고 말합니다. 세미라미스가 담무스를 안고 있는 이 사상이 로마 캐톨릭과 러시아 정교회로 파고들었습니다.

성탄절만 되면 마구간에 태어난 갓난아기 예수님을 안고 있는 성극을 합니다. 이것이 교회를 죽이는 것입니다. 교회를 무기력하게 만드는 것입니다. 아기 예수를 강조하는 것은 바벨론 신화에서 나온 것입니다. 마리아의 도움 없이는 아무것도 할 수 없는 아기 예수를 강조하면 큰일 납니다.

예수님은 그리스도이십니다. 마귀의 일을 멸하신 참 왕이십니다. 죄 문제를 해결하신 참 제사장이십니다. 하나님을 만나는 길이 되시는 참 선지자이십니다. 그래서 그리스도를 강조해야 합니다. 예수님이 탄생하실 때 동방박사 세 사람이 황금과 유향과 몰약을 선물로 바칩니다. 세 가지 선물의 의미는 예수님이 그리스도이심을 고백하는 것입니다. 황금은 왕을 유향은 선지자를 몰약은 제사장을 의미합니다. 그리스도는 마귀의 일을 멸하신 참 왕이십니다. 그리스도는 죄와 사망의 문제를 해결하신 참 제사장입니다. 그리스도는 하나님을 만나는 길이 되시는 참 선지자이십니다.

마태복음 1장 16절에는 마리아에게서 그리스도라 칭하는 예수가 나셨다고 말씀하셨습니다. 예수님은 이 땅에 육신을 입고 오실 때 그리스도라는 칭호를 가지고 오셨습니다. 성경은 아기 예수가 아닌 그리스도를 강조하고 있습니다. 예수님의 공생애 기간에도 만왕의 왕으로서 귀신을 쫓아내시며, 대제사장으로서 죄를 사하시며,

참선지자로서 하나님을 만나는 길을 열어주셨습니다. 그리고 십자가에서 죽으실 때 사탄의 권세를 박살내시고, 죄 문제를 단번에 영원히 끝내시고, 성소의 휘장이 위에서부터 둘로 찢어지면서 하나님을 만나는 길이 열렸습니다. 성소의 휘장이 곧 예수님의 육체라고 했습니다(히 10:19~20). 예수 그리스도께서 십자가에서 그리스도의 일을 하셨습니다. 성경은 예수님께서 그리스도이심을 증언하고 있습니다. 그래서 다른 것이 그리스도보다 강조되면 하나님께서 싫어하십니다. 어릴 때부터 그리스도의 복음을 각인시키고 뿌리내리고 체질화시키는 것이 가장 중요한 일입니다. 교회 강단에서 목사를 통해 그리스도의 복음이 강조되고, 현장에서 평신도들을 통해 그리스도의 복음이 선포되면 사탄과 재앙과 지옥의 배경이 무너지게 됩니다.

바벨탑

XIV. 믿음의 조상 아브라함

창세기 12장에 보면 아브라함의 이야기가 나옵니다. 아브라함은 셈의 십 대손입니다. 아담의 이십 대 손입니다. 아브라함 이전의 사람들은 이름만 나와 있습니다. 언약의 바통만 전달한 사람들입니다. 그래도 성공한 사람들입니다. 언약을 후대들에게 전달했기 때문입니다. 중요한 사람은 아브라함입니다. 아브라함이 왜 중요합니까? 창세기 1장부터 11장까지는 메시야에 대한 약속을 하셨습니다. 그리스도를 보내겠다는 약속으로 가득 차 있습니다. 그러나 메시야를 어디에 보내시겠다는 언급이 없습니다. 창세기 12장 1절부터 9절에 보면 하나님께서 아브라함을 갈대아 우르에서 부르셨습니다. "내가 네게 보여 줄 땅으로 가라"라고 하셨습니다. 그곳이 가나안입니다. 이게 무슨 약속입니까? 그리스도를 가나안 땅에 보내시겠다는 최초의 약속을 주시고 그리스도 언약을 붙잡으라는 것입니다.

창세기 12장 1절부터 9절에 보면 이 언약을 주시고는 가나안 땅에 가기 전에 복(福)부터 주셨습니다. "네 이름을 창대하게 하리니 너는 복이 될지라 너를 축복하는 자에게는 내가 복을 내리고 너를 저주하는 자에게는 내가 저주하리니 땅의 모든 족속이 너로 말미암아 복을 얻으리라" 행위를 따라서 복을 주시는 것이 아닙니다. 언약을 중심으로 복을 주십니다. 창세기 3장 문제를 해결할 수 있는 길은 그리스도 밖에 없기 때문입니다. 지구가 생기고 최초로 메시야 오실 땅을 지정해주셨고 그 땅에서 기다린 최초의 사람이 아브라함입니다. 그래서 아브라함을 믿음의 조상이라고 하는 것입니다.

하나님께서 아브라함의 이름을 창대하게 하셔서 지구 상에 아브라함의 이름을 모르는 사람이 없을 정도입니다. 다른 사람이 너를 저주하면 하나님이 저주하시고 너를 축복하면 복을 주신다고 약속하셨습니다. 아무것도 염려하거나 근심할 필요가 없습니다. 하나님께서 언약 가진 자의 인생을 책임지신다는 약속을 하신 것입니다.

이 언약을 붙잡고 마므레 상수리 수풀에 단을 쌓고 기도의 비밀을 누릴 때 아브라함 주변에 흑암이 무너지기 시작했습니다. "이에 아브라함이 장막을 옮겨 헤브론에 있는 마므레 상수리 수풀에 이르러 거주하며 거기서 여호와를 위하여 제단을 쌓았더라"(창 13:18). 기도는 하늘의 축복을 땅으로 가져와서 누리는 비밀입니다. 나를 멈추고 하나님을 바라보는 시간에 역사가 일어납니다. 창세기 15

장 1절부터 9절에 보면 삼 년 된 짐승을 잡으라고 하셨습니다. 예수님의 공생애는 삼 년입니다. 그림자입니다. 창세기 17장 9절부터 14절입니다. 자꾸 언약을 줘도 잊어버리니 할례 언약을 명하셨습니다. 13절에 보면 "내 언약이 너희 살에 있어 영원한 언약이 되려니와"라고 하셨습니다. 이게 할례 언약입니다. 피의 언약을 몸에 새기라는 것입니다. 하루에 평균 화장실 몇 번 정도 갑니까? 화장실 갈 때마다 피 언약을 확인하고 잊어버리지 말라는 것입니다. 14절에 보면 "할례를 받지 아니한 남자 곧 그 포피를 베지 아니한 자는 백성 중에서 끊어지리니 그가 내 언약을 배반하였음이니라"라고 하셨습니다. 할례가 의학이 발달한 지금처럼 쉬운 것이 아니었습니다. 창세기 34장에 보면 디나 사건 이후 세겜 사람들이 할례를 받게 됩니다. 얼마나 고통스러운지 꼼짝을 못 하고 누워있었습니다. 그때 시므온과 레위가 칼로 다 죽였습니다. 이런 고통스러운 할례를 하라고 하신 이유가 무엇일까요? 그리스도 없이 사탄과 죄와 하나님을 떠난 인생문제를 해결할 수 없기 때문입니다. 그리스도의 언약을 각인시키고 뿌리내리고 체질화시켜야 되기 때문입니다.

왜 할례를 생식기에 하라고 하셨을까요? 후대입니다. 후대에게 이 피 언약을 전달해야 되기 때문입니다. 언약을 가진 백성들이 생육하고 번성하여 땅에 충만해져야 되기 때문입니다. 후대에게 언약이 전달되지 않으면 사탄에게 짓밟힘을 당하게 됩니다. 할례를 받아 놓고 언약을 놓치니 의식만 남은 것입니다. 그래서 히틀러에 의해 육백만 명의 유대인이 학살을 당하였습니다. 미국 워싱턴에 홀로코스트(Holocaust)를 만들어 놓고 전 세계 사람들에게 보여주고 있습니다. 유대인들의 육신적인 한(恨)이 서려 있는 곳입니다. 언약의 핵심을 놓치고 의식만 행하니 실패하는 것입니다. 사탄은 의식(儀式)을 두려워하지 않습니다. 지금도 유대인들은 왜 학살을 당했는지 이유를 알지 못하고 있습니다. 그 증거로 그리스도를 믿지 않습니다. 예배드리는 사람들이 예배의 의미와 그리스도 언약을 놓치고 종교적인 예배를 하니 실패하는 것입니다. 창세기 22장 1절부터 14절에 보면 하나님께서 아브라함을 시험하셨습니다. 백세에 얻은 아들 이삭을 모리아 산으로 데리고 가서 번제로 바치라고 하셨습니다. 아브라함은 하나님의 말씀에 순종했습니다. 이삭 대신 숫양을 준비하셨습니다. 갈수록 그리스도의 언약을 확실하게 각인시켜 주시는 것입니다. 왜 이삭이 죽어야 합니까? 그 이유는 창세기 3장 사건, 원죄 때문입니다. 이삭이 숫양 때문에 살았습니다. 숫양은 하나님께서 친히 준비하신 것입니다. 이것은 나(我) 대신 그리스도를 의미합니다. 나(我) 대신 그리스도께서 대속(代贖)해서 죽으실 것을 보여주고 있는 것입니다. 그리스도는 하나님께서 친히 준비하셨습니다. 하나님께서 준비하신 제물입니다. 모리아산은 갈보리 언덕의 십자가 사건을 그림자로 보여주고 있는 사건입니다. 하나님께서는 아브라함과 이삭에게 가장 중요한 것을 깨닫게 하셨습니다.

하나님께서 아브라함에게 정말 그리스도로 충분하냐? 그리스도가 완전하고 모든 것이냐?를 시험하신 것입니다. 아브라함은 이 시험에 통과를 했습니다. 오늘날 우리도 이 시험을 통과해야 합니다. 그 이전 것은 다 서론입니다. 그리스도로 충분하지 않기 때문에 인본주의를 쓰고 살아가는 것입니다. 바른 언약을 정확하게 후대에게 전달해야 합니다.

이 복음을 못 듣는 것은 불행한 일입니다. 창세기 23장 1절부터 20절입니다. 아브라함이 매장지를 은 사백 세겔에 주고 매입합니다. 매장지 때문에 옥신각신 합니다. 그냥 쓰라고 하는데 아브라함은 돈을 지불하고 사겠다고 합니다. 이유는 법적 등기입니다. 가나안 땅을 법적으로 등기하기 위해서입니다. 왜냐하면 내 시대에만 그리스도를 기다리는 것이 아니라 후대들이 이 땅에서 그리스도를 기다리다 만나야 되기 때문입니다. 그 언약을 붙잡고 매장지를 산 것입니다.

성경과 교회사를 보면 언약이 후대들에게 전달되지 않고 단절될 때마다 재앙이나 전쟁이 일어났습니다. 후대에게 복음을 전달하는 것이 전도운동의 핵심입니다. 창세기 50장까지 보면 아브라함의 후손들이 다 이곳에 묻힙니다. 약속의 땅에서 메시야를 기다린 것입니다. 우리가 이 언약을 붙잡았다면 우리가 가진 배설물 같은 것들을 버려야 합니다. 우상과 불신앙과 인본주의와 잘못된 동기를 배설물처럼 과감하게 버려야 합니다. 마치 모든 우상을 버리고 미스바 운동에 참여했던 이스라엘 백성들처럼 귀신의 통로인 우상을 제거해야 합니다.

그러면서 우리가 할 일은 조용하게 제자를 키우는 것입니다. 창세기 14장 18절에 보면 아브라함이 가신 삼백 십팔 명을 키웠습니다. 중직자들이 이 축복을 누려야 합니다. 제자 키우면 하나님이 제자를 키울 수 있도록 빛의 경제도 축복하십니다. 삼백 십팔 명의 제자를 키울만한 영적인 힘과 경제를 아브라함에게 주셨습니다. 평상시에는 삼백 십팔 명의 제자가 있는지 몰랐습니다.

소돔과 고모라 성에 전쟁이 일어나 아브라함의 조카 롯과 가족들이 포로로 잡혀가고 재물도 다 빼앗겼습니다. 이 소식을 들은 아브라함이 집에서 길리고 훈련시킨 생명건 제자들을 단까지 데리고 가서 연합군을 물리치고 조카 롯과 가족들과 재물까지 찾아옵니다. 제자는 위기 때 생명 걸고 헌신을 하는 자들입니다. 제자는 말을 잘하는 사람이 아닙니다. 가나안 정복의 주역이었던 갈렙도 평상시에는 자신을 드러내지 않고 있다가 교회 공동체가 위기를 당할 때마다 생명을 걸고 헌신을 합니다. 이런 사람을 진정한 제자라고 하는 것입니다. 자신을 알아주지 않으면 시험이 들어서 흔들리는 사람들을 무리라고 합니다. 교회는 다양한 사람들이 모이기 때문에 많은 문제들이 생깁니다. 복음이 아니면 도저히 이해가 되지 않는 일들이 벌어집니다. 사람들 때문에 시험에 들지 말고 아브라함처럼 사람을 살려낼 수 있는 영적인 힘을 가진 전도자들이 되기를 바랍니다. 이후에 하나님께서 아브라함에게 굉장히 중요한 약속을 하십니다. "아브라함아 두려워하지 말라 나는 네 방패요 너의 지극히 큰 상급이니라"(창 15:1). 아무도 아브라함을 이길 수 없는 이유입니다. 구원받은 성도의 엄청난 배경입니다. 창세기 15장 2절에 충성된 제자 엘리에셀이 있습니다. 아브라함이 양자로 삼으려고 했던 사람입니다. 주인에게 신뢰받는 사람입니다. 이런 충성된 종이 있으면 세계복음화는 가능합니다. 인본주의 쓰지 않고 성령의 인도를 받아 이삭의 아내 리브가를 데려옵니다. 한 명을 키우더라도 이런 제자를 키워야 합니다. 창세기 24장 리브가입니다. 완전 사명자입니다. 이런 사명자 한 명만 있으면 가문을 살릴 수 있습니다.

단 하루를 살아도 그리스도의 제자를 세우는 축복의 사람들이 되기를 축복합니다.

그리스도인들이 갱신하고 개혁해야 될 것이 있습니다. 아브라함이 언약이 희미해질 때 두 가지 문제가 왔습니다.

첫째, 하갈을 취하여 이스마엘을 낳은 것입니다. 아브라함이 창세기 12장에 가나안 땅에 기근이 들었을 때 애굽으로 내려갔다 올라옵니다. 그때 하갈을 몸종으로 데리고 온 것입니다. 의식주(衣食住) 문제가 왔을 때 언약을 놓치고 애굽으로 내려가면서 문제가 온 것입니다. 언약을 놓쳤을 때 오는 축복은 진짜가 아닙니다. 나중에 이스마엘의 후손들이 노예 상인으로 요셉을 형들에게 사서 애굽으로 데리고 갔습니다(창 37:28). 이스마엘이 지금 모슬렘(이슬람)의 조상입니다. 아브라함의 집에서 쫓겨났습니다. 그래서 지금까지 기독교를 가장 싫어하게 되었습니다. 자신들의 뿌리를 알고 있다는 증거입니다. 불신앙으로 인하여 후손들이 엄청난 고통을 받게 되었습니다. 언약의 백성들이라도 불신앙에 빠지면 후손들까지 고난을 당하게 됩니다. 그리스도를 믿기 전에 사탄이 심어놓은 불신앙을 제거하는 것이 중요합니다. 우리는 끝까지 영적 집중력을 통해 영적인 상태를 최상으로 유지해야 됩니다. 잠시라도 영적으로 집중력이 떨어지면 그 틈을 타고 사탄이 역사합니다.

둘째, 이방에 노예가 될 원인을 제공합니다. "여호와께서 아브람에게 이르시되 너는 반드시 알라 네 자손이 이방에서 객이 되어 그들을 섬기겠고 그들은 사백 년 동안 네 자손을 괴롭히리니 그들이 섬기는 나라를 내가 징벌할지며 그 후에 네 자손이 큰 재물을 이끌고 나오리라"(창 15:13~14). 아브라함이 언약이 희미해진 것 때문에 애굽에 사백 년 동안 노예가 될 것을 말씀하신 것입니다. 지금 우리의 신앙생활은 후손들에게까지 영향이 갑니다. 전도자들은 교훈으로 삼아야 합니다.

모리아 산의 아브라함과 이삭

XV. 언약을 누린 이삭

언약의 바통을 잡은 사람이 이삭입니다. 이삭이 어릴 때 언약이 전달되었습니다. 난지 8일 만에 할례 언약을 받았습니다. "그 아들 이삭이 난 지 팔일 만에 그가 하나님이 명령하신 대로 할례를 행하였더라"(창 21:4). 피 언약을 몸에다 각인시키는 예식입니다. 창세기 22장 1절부터 14절은 이삭 대신 숫양입니다. 나(我) 대신 그리스도입니다. 단 한 번의 체험을 통해 흔들리지 않고 영원한 축복을 받게 되었습니다. 모리아 산에서 그리스도 언약이 각인되고 뿌리내리고 체질화되었습니다.

평생 영원히 잊지 못할 사건을 통해 언약이 각인되었습니다. 우리 후대들에게 이렇게 언약이 각인되어야 승리할 수 있습니다. 대충 해서 될 일이 아닙니다. 빠를수록 좋습니다. 후대를 키우는 부모들은 반드시 기억해야 합니다. 세상 교육은 생명을 걸고 시키면서 언약을 전달하는 일에는 관심이 없는 부모들은 각성을 해야 합니다. 신명기 6장 4절부터 9절에 어떻게 언약을 각인시키고 뿌리 내리고 체질화시켜야 되는지를 알려주고 있습니다.

"이스라엘아 들으라 우리 하나님 여호와는 오직 유일한 여호와이시니 너는 마음을 다하고 뜻을 다하고 힘을 다하여 네 하나님 여호와를 사랑하라 오늘 내가 네게 명하는 이 말씀을 너는 마음에 새기고 네 자녀에게 부지런히 가르치며 집에 앉았을 때에든지 길을 갈 때에든지 누워 있을 때에든지 일어날 때에든지 이 말씀을 강론할 것이며 너는 또 그것을 네 손목에 매어 기호를 삼으며 네 미간에 붙여 표로 삼고 또 네 집 문설주와 바깥문에 기록할지니라" 가나안 땅을 정복할 세대에게 주신 천명입니다.

영적 상태가 중요합니다. 영적 상태를 바꾸는 길은 집중하는 것입니다. 말씀에 집중해야 합니다. 영적 집중력을 키우는 것이 무엇보다 중요합니다. 가장 먼저 영적 정상의 자리에 서야 합니다. 우리의 대적이 악한 마귀이기 때문입니다. 마귀와 영적 전쟁을 해야하는 그리스도의 군사이기 때문입니다. 우리 후대들의 영적 상태를 바꿔주지 않으면 큰 어려움을 당하게 됩니다.

창세기 26장 1절부터 4절에 보면 하나님이 이삭에게 나타나서 "가나안 땅에 거하라. 네가 이 땅에 유하면 내가 네게 복을 주고 너와 함께 하며 너와 네 자손으로 말미암아 천하 만민이 복을 받을 것이다"라고 하셨습니다. 왜 가나안 땅에 있어야 합니까? 아버지 아브라함에게 약속하신 메시야가 오실 땅입니다.

메시야(그리스도) 언약 안에 있는 자에게만 주시는 축복입니다. 언약을 붙잡은 이삭에게 어떻게 복을 주시는지 보십시오. 창세기 26장 12절에 보면 백배의 축복을 주셨습니다. 한해 농사지었는데 백년 먹을 것을 주셨다는 말씀입니다. 산업인들이 마음에 담아야 합니다. 먹고 남아야 선교를 합니다. 빛의 경제, 복음 경제를 회복시키신 것입니다. 언약을 붙잡고 기도하고 있는데 백 년의 축복을 앞당겨 누리도록 하셨습니다. 시간이 없어서 기도를 못한다고 하는 사람은 기도를 오해하고 있는 것입니다. 기도는 시간을 앞당기는 것입니다. 기도를 하지 않으니까 항상 바쁘게 사는 것입니다. 뭐든지 내 힘으로 해야 되기 때문입니다. 13절에 보니 "마침내 거부가 되었다"라고 나와 있습니다. 이삭과 같은 중직자 산업인이 나와야 세계 선교하고 미래를 살릴 후대 운동을 할 수 있습니다. 중직자들이 도전해야 될 것은 이삭처럼 언약을 붙잡고 믿음과 실력을 키우는 것입니다.

우선순위를 놓치면 안 됩니다. 전도사 때 처음 사례비가 오만 원이었습니다. 후에는 오만 원씩 인상되었습니다. 이곳에 개척할 때는 삼십오만 원이었습니다. 그것 가지고 헌금하고 공부하고 차비하고 다 했습니다. 집사님 중에 한 분이 그렇게 해서 어떻게 생활하느냐고 물었습니다. 저는 비밀이라고 말했습니다. 돈이 떨어지면 하나님이 금식하라는 사인으로 여기고 기도했습니다. 그래도 안 주시면 죽으면 될 것 아니냐. 기도하다가 죽으면 순교 아닙니까? 그런데 단 한 번도 돈이 없어서 굶거나 걸어 다닌 적이 없습니다. 하나님께서 언약을 붙잡은 자의 인생을 책임지신다는 것을 체험해야 합니다.

이삭은 어떤 문제가 와도 흔들리지 않습니다. 18절에 보면 이삭이 아브라함 때에 팠던 우물을 다시 팠다고 나왔습니다. 이는 아버지의 신앙의 발자취를 따라갔다는 것입니다. 부모들은 이렇게 해라 저렇게 해라 할 것이 아니라 자녀들이 따라올 수 있도록 해야 합니다. 부모는 자녀들의 신앙의 모델(model)이 되어야 합니다. 모델이 되면 자녀들은 결국 부모를 따라오게 되어 있습니다. 19절에 이삭은 싸우지 않고 샘 근원을 얻었습니다. 샘의 근원은 마르지 않습니다. 이는 그리스도 안에 있는 축복을 의미합니다. 세상의 것은 어느 날 없어집니다. 썩어집니다. 무너집니다. 그러나 그리스도 예수 안에 있는 축복은 영원한 것입니다. 창세기 26장 22절에 하나님이 이삭의 지경을 넓히셨습니다. 이것을 르호봇 경제라고 합니다. 지금도 언약을 가진 백성들의 지경을 넓히고 계십니다. 지금 보십시오. 우리가 전 세계에 다니며 복음을 전할 수 있다는 것은 하나님이 지경을 넓히신 증거입니다. 창세기 26장 28절부터 29절에 하나님이 이삭을 증인으로 세우셨습니다. 이것이 전도와 선교의 시작입니다. 불신자 아비멜렉 왕이 친구 아훗삿과 군대장관 비골을 데리고 찾아와 "여호와께서 너와 함께 하시는 것을 분명히 보았다 너는 여호와께 복을 받은 자로다"라고 했습니다. 불신자들이 보고 있습니다. 그래서 언약을 붙잡은 하나님의 자녀들에게 증거를 주셔서 증인으로 서게 하시는 것입니다. 말로 하는 전도도 있지만 이삭은 보여주는 전도를 했습니다. 하나님이 함께 하시는 증인이었습니다. 하나님이 복을 주시는 것을 불신자들이 보았습니다. 오늘날 그리스도인들이 받아야 될 응답입니다. 후대들이 이런 응답을 받아야 증인으로 설 수 있게 됩니다. 이삭은 왕 앞에 증인으로 섰습니다. 앞으로 언약을 붙잡은 후대들에게 증거를 주셔서 왕을 상대하도록 만드실 것입니다. 그 이유는 왕이라도 영적 문제가 오면 그 답을 가진 자를 찾아올 수밖에 없기 때문입니다. 앞으로 왕들이 몰려오게 될 것입니다. 그때 인생의 해답을 주면 되는 것입니다.

그리스도인들이 속는 부분입니다. 불신자들이 핍박을 하면서 지켜보고 있습니다. 그러다 어느 날 인생문제가 오면 찾아오게 됩니다. 이때 답을 주는 것이 전도입니다.

창세기 27장부터 28장에 언약이 후대에게 전달됩니다. 그 후대가 바로 야곱입니다. 하나님은 후대에게 그리스도의 언약이 전달되도록 역사하십니다. 사탄은 언약이 전달되는 것을 방해합니다. 우리가 적용할 부분이 나옵니다. 어릴 때 언약이 각인되면 이삭처럼 축복을 받게 됩니다. 그래서 태교하는 것부터 영아, 유치부에게 언약을 전달하는 것이 중요한 일입니다. 어릴 때 들어간 것이 평생 갑니다. 언약을 가진 부모는 자녀들의 축복의 통로입니다. 확신을 가져야 합니다. 출애굽기 20장 6절에 "나를 사랑하고 내 계명을 지키는 자에게는 천대까지 은혜를 베푸느니라"라고 하셨습니다. 우리의 자녀들이 하나님께서 주시는 복을 받아야 합니다. 부모의 재산을 물려받아서 살려고 하는 후대들이 되면 안 됩니다. 신명기 21장 5절에 보면 주의 종이 축복의 통로입니다. 사탄은 이것을 잘 압니다. 그리스도인들이 축복을 받지 못하게 하는 방법은 간단합니다. 주의 종과 관계를 틀어지게 만드는 것입니다. 주의 종과 관계가 틀어지면 일단 말씀이 안 들리게 됩니다. 말씀이 들리지 않으면 조용하게 그 영혼은 병들게 됩니다. 절대로 사탄의 전략에 속아서는 안 됩니다. 많은 사람들이 주의 종의 허물을 보고 시험이 들어서 이 축복을 놓치게 됩니다. 주의 종은 하나님이 아닙니다. 이 부분을 초월할 수 있는 답이 있습니다. 여호수아 3장 4절에 요단을 건너기 전에 언약궤를 멘 제사장들이 앞장서도록 하십니다. 그리고 백성들은 제사장들과의 거리를 이천 규빗(약 1km)쯤 되게 하고 그것에 가까이하지는 말라고 하십니다. 이 말씀은 제사장들의 인간적인 모습을 바라보지 말고 언약궤만 바라보고 따라가라는 것입니다. 언약의 주인공이신 그리스도를 따라가는 것이 신앙생활입니다. 주의 종이 메고 가는 언약궤만 보고 가라는 것입니다. 정확하게 성령 인도받는 방법입니다.

복음 전파가 축복의 통로입니다.

"그런즉 너희는 먼저 그의 나라와 그의 의를 구하라 그리하면 이 모든 것을 너희에게 더하시리라"(마 6:33).

복음 전파에 헌신한 전도자에게 금세에 백배를 받고 내세에 영생을 못 얻을 자가 없다고 약속하셨습니다.

"예수께서 이르시되 내가 진실로 너희에게 이르노니 나와 복음을 위하여 집이나 형제나 자매나 어머니나 아버지나 자식이나 전토를 버린 자는 현세에 있어 집과 형제와 자매와 어머니와 자식과 전토를 백배나 받되 박해를 겸하여 받고 내세에 영생을 받지 못할 자가 없느니라"(막 10:29~30). 복음 전하는 자가 받는 핍박은 당연한 것입니다.

지구가 돌아가는 이유와 내가 생존해야 될 이유가 같아야 합니다. 하나님께서는 세계복음화를 위하여 지구를 돌리고 계십니다. 이 일에 헌신하는 사람에게 하나님께서 함께 하는 증거를 주십니다.

샘 근원을 얻은 이삭

XVI. 전도의 비밀이 담긴 야곱

이 언약이 야곱에게 전달되었습니다. 야곱을 통해서도 그리스도를 설명합니다. 야곱이 굉장한 언약의 사람입니다. 창세기 25장 20절부터 26절입니다. 출산 때의 일을 기록한 것입니다. 리브가가 결혼을 한 지 20년 만에 쌍둥이를 임신을 하게 되었는데 날마다 싸우는 겁니다. "이럴 경우에는 내가 어찌할꼬 하고 가서 여호와께 묻자온대 여호와께서 이르시되 두 국민이 네 태중에 있구나 두 민족이 네 복중에서 나누이리라 이 족속이 저 족속보다 강하겠고 큰 자가 어린 자를 섬기리라"라고 응답하십니다. 그 기한이 차서 해산을 하는데 먼저 나온 자는 붉고 전신이 털옷 같아서 에서라 하였고, 후에 나온 아우는 손으로 에서의 발꿈치를 잡았으므로 그 이름을 야곱이라고 했습니다. 태중에서 나오면서 왜 발꿈치를 잡고 나왔을까요? 태중에서부터 영적 전쟁을 한 것입니다. 장자권을 쟁취하기 위해서입니다. 장자권이 왜 필요합니까? 그리스도의 언약과 관련이 있습니다. 문제는 하나님이 큰 자가 작은 자를 섬기고 작은 자가 강국을 이룰 것이라고 하셨는데 나중에 나와야 말씀이 이루어지는 것입니다. 그런데 뱃속에서부터 장자권을 획득해서 축복을 받으려고 인본주의를 썼습니다. 기네스북에 올라갈 사건입니다.

자녀를 키우는 부모님들은 반드시 기억해야 합니다. 우리의 씨름은 혈과 육에 대한 것이 아니라 정사와 권세와 어둠의 세상 주관자들과 하늘에 있는 악의 영들과 상대하는 것입니다. 이 싸움에서 궁극적인 승리를 할 수 있는 길은 그리스도의 언약을 잡는 길 뿐입니다. 이 비밀 때문에 태중에서부터 영적 전쟁을 하고 있는 것입니다. 하나님께서 분명히 두 국민, 두 민족이라고 하셨습니다. 결국은 두 나라의 싸움입니다. 예수님께서 제자들을 현장에 보내시면서 "하나님의 나라가 가까이 왔다고 하라"(마 10:7)고 말씀하셨고, 사도행전 1장 3절에는 부활하셔서 40일 동안이나 감람산에서 하나님 나라의 일을 말씀하셨습니다. 그리스도가 왕이신 나라입니다. 그리스도께 속한 백성들의 나라입니다. 승리할 수밖에 없는 싸움입니다. 만왕의 왕이신 그리스도께서 사탄의 머리를 깨뜨리실 것이기 때문입니다(창 3:15).

뱃속에서 실패한 야곱이 창세기 25장 27절부터 34절에 다시 도전한 것이 팥죽 사건입니다. 형이 사냥하러 간 사이 주방(부엌)에서 팥죽을 쑤기 시작합니다. 형이 사냥하고 돌아올 시간이 되어 솥뚜껑을 열어 놓고 냄새가 더 멀리 날아가도록 했습니다. 에서가 집 근

처에 오니 팥죽 냄새가 납니다. 에서는 집에 들어오자마자 주방으로 달려갔습니다. 가서 보니 어머니는 없고 동생 야곱이 팥죽을 쑤고 있었습니다. 에서가 팥죽 한 그릇 달라고 하니 공짜로 줄 수 없다고 합니다. 에서가 무엇을 줄까 하니 "장자의 명분"을 내놓으라고 합니다. 이에 에서는 배가 고파 죽겠는데 "장자의 명분이 내게 무엇이 유익하리오"하고 맹세하고 야곱에게 장자의 명분을 팔았습니다. 이 사건을 히브리서 12장 16절은 이렇게 증언합니다.

"장자의 명분을 판 에서와 같이 망령된 자가 없도록 살피라"라고 했습니다. "망령된 자"라고 했습니다. 이 말은 그리스도의 언약을 팥죽 한 그릇보다 가치 없게 여겼다는 말입니다. 육신을 따르는 자는 육신의 일을 생각합니다(롬 8:5). 육신의 생각은 사망입니다(롬 8:6). 육신의 생각은 하나님과 원수가 되고 하나님을 기쁘시게 할 수 없다고 했습니다(롬 8:7~8).

지금도 에서와 같이 먹고사는 것보다 언약을 가치 없게 여기는 사람들이 많이 있습니다. 직장 생활을 하고 사업하고 공부하느라 바쁘다고 영적으로 집중하지 못하는 사람들이 많습니다. 바쁘기 때문이 아니고 가치를 발견하지 못했기 때문입니다. 가치를 발견하는 것이 응답의 시작입니다. 언약을 가치 없게 여기면 어떻게 되는지 봅시다. 성경에 나와 있습니다. 창세기 27장에 보면 이삭이 나이가 들어 눈이 멀어 못 보게 되었습니다. 그래서 에서에게 죽기 전에 부탁합니다. 사냥을 해서 별미를 만들어 내게 가져오라. 그럼 내가 먹고 너를 축복하겠다. 이 말을 리브가가 주방에서 들었습니다.

리브가는 작은 자가 언약의 사람이라는 것을 알고 있었습니다. 그래서 야곱에게 살찐 염소를 가져오면 내가 요리를 할 테니 아버지께 드리고 축복을 받으라고 합니다. 야곱이 축복은 고사하고 '내가 저주를 받으면 어떻게 합니까?' 라고 하자 리브가는 단호하게 내가 책임진다고 합니다. 부모는 이 정도 되어야 합니다. 야곱은 겁이 나도 언약에 대해 욕심이 있는 사람이었습니다.

　야곱이 요리를 해서 아버지에게 들고 가는데 형 에서는 털이 많은 사람이고 자기는 매끈한 사람이기 때문에 들키지 않기 위해 변장을 합니다. 어머니 리브가가 염소 가죽을 벗겨 야곱의 몸에 붙였습니다. 그리고 이삭이 냄새를 맡을까 봐 야곱의 옷을 벗기고 에서의 옷을 입혔습니다. 야곱은 에서의 목소리를 흉내 내어 아버지 이것을 잡수시고 나를 축복하소서라고 말했습니다. 야곱이 아무리 에서의 목소리를 따라 한다고 한들 평생 들은 목소리를 어떻게 모르겠습니까? 이삭이 야곱에게 가까이 오라고 한 뒤 만져보고 옷 냄새를 맡습니다. 목소리는 야곱인데 만져보니 에서처럼 털이 있습니다. 옷의 향취를 맡아봐도 에서의 향취가 나서 감쪽같이 속았습니다. 이삭이 별미를 다 먹고 난 뒤 야곱에게 축복을 합니다. 축복을 쏟아붓습니다. 야곱이 태어나서 가장 집중해서 깊은 기도를 했을 것입니다.

　야곱이 축복을 받고 나온 후 에서가 아버지에게 들어갑니다. 아버지 이것을 잡수시고 나를 축복하소서 너는 또 누구냐? 아버지의 큰 아들 에서입니다. 이래서 탄로 났습니다. 야곱이 대신 축복을 받은 것을 알고 난 후 아버지에게 애원합니다. 아버지 빌 복이 이것밖에 없습니까? 다시 말하면 부스러기라도 남은 것이 없습니까? 찌꺼기라도 남은 것이 없습니까? 이 말입니다. 그러자 아버지는 없다고 합니다. 그러면서 "너는 칼을 믿고 살 것이다"라고 합니다. 하나님이 아닌 칼을 믿고 산다는 것은 저주입니다. 그러면서 "너는 아우를 섬기게 될 것이다" 언약 잡은 사람의 종이 될 것이라는 말입니다. 언약을 팥죽 한 그릇보다 가치 없게 여긴 에서에게는 당연한 일입니다.

하나님은 그리스도를 보내시겠다고 약속하셨는데 그리스도에게는 관심도 없었던 것입니다. 영적인 것에는 관심이 전혀 없습니다. 그러니 창세기 3장 저주 속에 빠질 수밖에 없습니다. 사람으로 태어난 이상 창세기 3장의 저주에서 자유로운 자는 없습니다. 로마서 3장 10절에 의인은 없나니 하나도 없다고 했습니다.

로마서 3장 23절에 모든 사람이 죄를 범하였으매 하나님의 영광에 이르지 못합니다. 로마서 6장 23절에 죄의 삯은 사망이라고 합니다. 창세기 3장 원죄로 인하여 사망에 이르게 되었습니다. 이 문제를 해결할 수 있는 분은 오직 그리스도이십니다. 창세기 3장 15절에 약속한 "여자의 후손"인 그리스도이십니다. 사도행전 4장 12절에 "다른 이로써는 구원을 받을 수 없나니 천하(天下) 사람 중에 구원을 받을 만한 다른 이름을 우리에게 주신 일이 없음이라"라고 하셨습니다.

야곱에게 축복을 빼앗긴 에서가 얼마나 화가 나겠습니까? 아버지 돌아가시면 야곱을 죽이겠다고 혼자 중얼거립니다. 리브가가 그것을 알고 야곱에게 삼촌 라반의 집으로 도망치라고 합니다. 이때 이삭이 깨닫고 야곱을 다시 부릅니다. 전에는 속아서 축복을 했지만 이것이 하나님의 절대 주권이었음을 깨닫고 야곱을 다시 불러서 축복을 합니다. 왜 이삭을 눈멀도록 하셨습니까? 이삭은 에서에게만 관심이 있었습니다. 하나님은 뱃속에서부터 작은 자에게 관심이 있었습니다. 그래서 이삭의 눈이 보이지 않도록 만들어 속게 하신 것입니다. 하나님의 뜻이 이루어지도록 만드신 것입니다. 하나님의 절대 주권 속에서 이루어지는 언약 전달입니다. 하나님의 계획은 언약을 전달하는 것입니다. 하나님의 계획은 그 어떤 피조물도 막을 수 없습니다.

예레미야 1장 5절에 "내가 너를 모태에 짓기 전에 너를 알았고 네가 배에서 나오기 전에 너를 성별 하였고 너를 여러 나라의 선지자로 세웠노라"라고 하셨습니다. 에베소서 1장 4절에는 창세전에 그리스도 안에서 우리를 택정 하셨다고 하셨습니다. 여기서 부모들이 깨달아야 될 것이 있습니다. 하나님께서는 언약 가진 부모에게 굉장한 축복권을 주셨습니다. 그 축복권을 자녀들에게 사용해야 됩니다. 축복권을 사용하지 않는 것은 직무유기입니다. 부모에게는 가정의 제사장적인 축복권을 주신 것입니다. "그러나 너희는 택하신 족속이요 왕 같은 제사장들이요 거룩한 나라요 그의 소유가 된 백성이니 이는 너희를 어두운데서 불러내어 그의 기이한 빛에 들어가게 하신 이의 아름다운 덕을 선포하게 하려 하심이라"(벧전 2:9).

예수 그리스도께서 십자가에서 구원을 완성하신 후부터 믿는 모든 사람이 제사장입니다. 여기서 "만인 제사장"이 나온 것입니다. 너희는 택한 족속이요 왕 같은 제사장이라고 했습니다. 자녀들이 학교에 갈 때나 직장에 갈 때 축복기도를 해주고 보내십시오. 그리고 잠자리에 들기 전에 대화를 나누고 축복기도를 해주는 부모들이 되었으면 좋겠습니다.

야곱이 도망을 가다가 지쳐 쓰러져 잠이 들었습니다. 그곳이 벧엘입니다. 벧은 집이고 엘은 하나님입니다. 하나님의 집에서 깊이 잠들었습니다. 꿈에서 놀라운 것을 봤습니다. 그것이 사닥다리입니다. 땅에서 하늘 꼭대기까지 닿아 있고 사닥다리에 천사가 오르락내리락하는데 하늘 꼭대기에 하나님이 서서 계셨습니다(창 28:12~13). 스데반이 순교할 때도 하나님 보좌 우편에 그리스도께서 서서 계셨습니다(행 7:56~60). 얼마나 반가웠으면 하나님께서 서서 기다리시겠습니까? 그럼 사닥다리는 무엇인가요? 땅에 있는 인간이 하늘에 계신 하나님을 어떻게 만날 수 있겠습니까? 사닥다리가 있어야 합니다. 길이 있어야 만날 수 있습니다. 사닥다리는 오실 그리스도의 그림자입니다.

요한복음 1장 51절에 하늘이 열리고 하나님의 사자들이 인자 위에 오르락내리락하는 것을 보았습니다. 사닥다리가 인자로 바뀌었습니다. 구약은 그림자고 신약은 실체입니다. 요한복음 14장 6절에는 "예수께서 이르시되 내가 곧 길이요 진리요 생명이니 나로 말미암지 않고는 아버지께로 올 자가 없다"라고 말씀하셨습니다.

하나님은 알고 계시는 것입니다. 왜 야곱이 뱃속에서부터 싸움을 했고 팥죽 한 그릇에 장자의 명분을 샀는지 알고 계셨습니다. 왜 눈먼 아버지를 속여 축복을 받았는지 하나님은 알고 계십니다. 이것을 뒤집어서 해석하면 큰일 납니다. 왜 하나님이 언약을 붙잡은 사람을 축복하십니까? 창세기 3장(원죄) 문제는 창세기 3장 15절에 약속된 여자의 후손인 그리스도(복음)가 아니면 해결이 안 되기 때문입니다. 그래서 그리스도 언약을 붙잡은 사람을 축복하시는 것입니다. 그 사람이 야곱입니다. 너와 함께 할 것이다. 너를 인도할 것이다. 너를 보호할 것이다. 너와 네 자손을 통하여 땅에 있는 모든 민족이 복을 받게 할 것이다. 축복을 쏟아부으셨습니다. 창세기 3장의 저주를 막을 수 있는 길은 오직 그리스도이십니다. 이십일 년 만에 야곱이 돌아오다 얍복 나루에서 천사와 씨름해서 이긴 뒤 이름이 이스라엘로 바뀝니다. 언약을 가진 야곱이 처음으로 생(生)을 건 기도를 했던 것입니다. 목적을 달성하기 위해 앞만 보고 달려가던 야곱이 자신을 멈추고 하나님을 바라보게 되었습니다. 우리도 이 시간을 회복해야 합니다. 하나님께 집중하는 시간에 성공하면 인생 성공할 수 있습니다. 이스라엘이란 이름의 뜻은 "하나님과 겨루어 이겼다"입니다. 아버지와 어린 아들이 씨름을 하면 누가 이깁니까? 아들이 이깁니다. 아버지가 져주기 때문입니다. 하나님도 자녀들에게 져주시는 겁니다. 이스라엘이란 이름이 처음에는 개인의 이름에 불과했었습니다. 나중에는 국가의 이름이 되었습니다. 지금은 국가의 이름에 머무르지 않고 세계적인 이름이 되었습니다. 전 세계에 예수 믿는 모든 사람이 영적인 이스라엘입니다.

하나님은 이렇게 언약을 가진 사람을 축복하십니다. 그리고 나중에는 죽기 전에 후손들을 불러 모았는데 열두 지파의 우두머리가 되어 있었습니다. 다시 말하면 한 민족을 이루고 있었던 것입니다. 언약을 잡은 한 사람을 통해 한 민족을 살릴 수 있다는 전도의 비밀을 보여주고 있는 것입니다.

아브라함을 통해서는 구원의 비밀을 보여주고 이삭은 구원받은 사람의 누림을 보여주고 있습니다. 야곱을 통해서는 한 민족을 살리는 전도의 축복을 보여주고 있는 것입니다. 여기서 우리는 한 가지를 살펴보아야 합니다. 아버지에게 축복을 받은 야곱은 약 이천 여리(800km) 이상을 동반자도 없이 걸어서 삼촌 라반의 집에 가서 이십일 년 동안 생활을 했습니다. 그러나 영적인 것에 티끌만큼도 관심이 없는 에서는 승승장구하여 사백 명의 군사를 거느릴 만큼 성공하였습니다.

오늘날 그리스도인들이 쉽게 속는 부분입니다. 불신자들이 성공하고 복음을 가진 신자들은 고생을 하는 것이 불공평하다고 생각을 하게 됩니다. 인생 전체를 보지 못하면 속게 됩니다. 인생 전체를 보아야 합니다. 믿음의 사람들이 결국은 승리하게 됩니다.

세상에는 자수성가(自手成家)한 사람들이 많이 있습니다. 하나님 없이도 성공한 사람들이 많이 있습니다. 우상을 숭배하는 나라들이 강대국이 되어서 세계를 움직이는 경우도 많이 있습니다. 바벨탑을 쌓고 있는 것입니다. 반드시 무너집니다. 그것이 세상입니다. 하나님을 떠난 자의 성공이 하나님과 원수가 되고 저주가 되기도 합니다. 하나님을 떠난 사람들이 이 사실을 모르고 살아가고 있습니다. 그래서 전도자들이 필요합니다. 야곱과 같은 언약을 가진 한 사람이 필요합니다. 언약 가진 자를 통해 역사를 이루어 가시는 하나님께 쓰임 받는 전도자들이 되시기를 바랍니다.

야곱의 사닥다리

XVII. 그리스도의 계보를 이어간 유다

창세기 37장부터 요셉 이야기가 시작되다가 창세기 38장에는 유다 이야기가 나옵니다. 그리고 창세기 39장부터 50장까지 다시 요셉 이야기입니다. 창세기 38장에 유다 이야기 때문에 흐름이 끊긴 것처럼 보입니다. 그러나 흐름이 끊긴 것이 아니라 진짜 언약의 흐름을 설명하기 위한 것입니다.

언약의 흐름으로 보면 당연히 유다가 주인공입니다. 아브라함 이삭 야곱을 통하여 전달된 언약의 바통이 유다에게 전달된 것입니다. 유다 지파를 통하여 메시야(그리스도)가 오셨습니다. 요셉을 애굽으로 먼저 보내서 유다지파와 그 형제들을 보호하십니다. 이때부터 그리스도께서 오실 때까지 하나님의 모든 관심은 유다지파에게 있습니다. 사탄이 이 흐름의 주인공이 요셉인 줄 알고 죽이려고 발악을 하는 모습을 보게 됩니다. 하나님께서 사탄을 속이신 것입니다. 그래서 사탄은 머리가 나쁜 존재입니다.

야곱은 열두 아들이 있습니다. 열두 아들 중에 언약이 누구에게 전달되었습니까? 유다입니다. 유다는 야곱의 네 번째 아들입니다. 결론부터 보겠습니다. 마태복음 1장 1절부터 4절에 보면 아브라함이 이삭을 낳고 이삭은 야곱을 낳고 야곱은 유다와 그의 형제들을 낳고 유다는 다말에게서 베레스와 세라를 낳았습니다. 언약의 바통이 누구에게 넘어갔습니까? 유다입니다. 성경이 말씀하고 있습니다. 야곱이 유다와 그의 형제들을 낳고 그 다음에 형제들은 계보에서 다 빠지고 유다는 다말에게서 베레스와 세라를 낳았다고 말씀합니다. 언약이 담긴 말씀의 흐름을 잘 보아야 승리합니다. 무작정 성경을 읽는 것이 아닙니다. 반드시 복음이 담긴 말씀의 흐름을 볼 수 있는 눈이 열려야 합니다. 이 흐름 속에 하나님의 계획이 성취되기 때문입니다. 이 흐름 속에 있는 자를 쓰십니다. 이 흐름 속에 있는 민족을 쓰십니다. 이 흐름 속에 있는 언어를 쓰십니다. 아무리 훌륭한 사람도 이 흐름 속에 없으면 가치가 없는 사람입니다. 성경 66권은 언약적인 흐름을 설명하고 있습니다.

두 번째는 유다지파를 통해 그리스도가 오신다는 약속이 많이 기록되어 있습니다. 구약은 그림자이고 신약은 실체입니다. 구약은 예언이고 신약은 성취입니다. 이 관점으로 성경을 보아야 합니다. 창세기 29장 35절입니다. 유다는 레아의 아들입니다. 레아가 유다를 출산 하면서 "이제는 여호와를 찬송하리로다"라고 했습니다. 찬송할 이유를 찾은 것입니다. 이것은 구원과 관련된 것입니다. 구원은 그리스도를 통해 받습니다. 유다지파를 통해 오실 그리스도를 설명하고 있는 것입니다. 이것을 발견하기 전에는 찬송할 이유를 찾지 못했다는 것입니다. 노아도 "셈의 하나님 여호와를 찬송하리로다"(창 9:26)라고 했습니다. 그다음 창세기 49장 8절부터 12절입니다. "유다야 너는 네 형제의 찬송이 될지라 네 손이 네 원수의 목을 잡을 것이요" 유다지파를 통해 오실 그리스도가 사탄의 목을 꺾을 것입니다. "홀이 유다지파를 떠나지 않을 것이요" 홀이 무엇입니까? 왕권의 상징입니다. 왕권이 떠나지 않을 것입니다. 실로가 오시기까지, 즉 그리스도가 오실 때까지 입니다. 그리스도는 만왕의 왕이십니다. 그분이 찬송을 받으실 것입니다. 구약의 왕들은 오실 그리스도의 그림자였습니다. "형제들이 너에게 절할 것이고 모든 민족이 너에게 절할 것이다" 유다지파를 통해 오실 그리스도 앞에 만물이 복종하게 될 것입니다(빌 3:21). 그림자로 보여주셨습니다.

다음은 신명기 33장 7절입니다. 모세가 유다지파를 축복하는 내용입니다. "여호와여 유다지파의 음성을 들으시고" 이 말은 천국 열쇠를 유다 지파가 가지고 있다는 뜻입니다. 이스라엘은 유다 지파의 기도를 통해 움직여졌습니다. 천국 열쇠는 무엇입니까? 구약시대는 오실 메시야, 신약시대는 오신 그리스도입니다. 마태복음 16장 16절에 "주는 그리스도시오 살아계신 하나님의 아들이시니

이다"라고 신앙을 고백했습니다. 그 이후에 베드로에게 "내가 천국 열쇠를 네게 주리니"라고 하셨습니다. 기도응답받는 비밀입니다. 그리고 민수기 2장 1절부터 34절입니다. 성막을 가지고 유다지파를 통해 그리스도가 오실 것을 설명하고 있습니다. "성막의 진을 칠 때는 유다지파에게 해 돋는 동편에 장막을 치라고 하셨습니다. 의로운 해가 떠올라서 치료하는 광선을 발하리니"(말 4:2). 의로운 해가 누구입니까? 그리스도입니다. 그리고 성막을 걷어 행진할 때는 선두에 서도록 했습니다. 이것은 우리의 대장이신 그리스도를 뜻합니다. 신앙생활은 그리스도를 따라가는 것입니다. 마태복음 4장 19절에 "너희는 나를 따르라 내가 너희로 사람을 낚는 어부가 되게 하리라"라고 하셨습니다. 요한복음 10장에 양은 목자의 음성을 듣고 목자를 따라갑니다. 지금 눈에 보이지 않는 그리스도를 따라가는 방법은 말씀을 따라가는 것입니다. 요한복음 1장 1절에 "태초에 말씀이 계시니라 이 말씀이 하나님과 함께 계셨고 이 말씀은 곧 하나님이시니라" 14절에 "말씀이 육신이 되어 우리 가운데 거하시매" 지금도 말씀으로 우리를 인도하고 계십니다.

성도들의 신앙생활의 기준입니다. 사도행전 2장 42절에 "그들이 사도의 가르침을 받아 서로 교제하고 떡을 떼며 오로지 기도하기를 힘쓰니라" 강단의 말씀을 통해 인도하십니다. 이 비밀을 깨달아야 교회와 목회자가 소중하게 여겨집니다. 깨닫지 못하면 교회도 목회자도 소중하지 않습니다.

이것을 가장 잘 깨달은 사람이 다말입니다. 다말은 유다의 며느리입니다. 유다가 결혼을 했습니다. 유다는 언약이 희미했습니다. 자기가 중요한 사람인지 몰랐습니다. 자기의 정체성을 모르고 사는 사람입니다. 지금도 구원받은 자신이 얼마나 소중한 사람인지 모르고 사는 그리스도인들이 많습니다. 아무렇게나 살아갑니다. 그래서 결혼부터 흔들렸습니다. 누구하고 결혼했습니까? 가나안 사람 수아의 딸과 결혼을 합니다. 가나안 사람들이 누구입니까? 우상을 숭배하는 사람들입니다. 가나안 족속은 아버지 노아에게 저주받은 함의 후손들입니다. 나중에 아들을 낳았는데 첫째 아들이 엘이고 둘째가 오난, 셋째가 셀라입니다. 엘이 결혼할 때가 되어서 며느리를 데려왔는데 그 사람이 다말입니다. 자식을 갖기 전에 하나님께서 엘을 데려가셨습니다. "유다의 장자 엘이 여호와 목전에 악하므로 여호와께서 그를 죽이신지라"(창 38:7). 그 이유는 한 가지 밖에 없습니다. 우상숭배입니다. 장자의 축복을 받은 엘이 어머니 편에 선 것입니다. 이 외에는 유추(類推)해 볼 수 있는 것이 없습니다.

출애굽기 20장 3절부터 5절에 "너는 나 외에 다른 신들을 네게 두지 말라 너를 위하여 새긴 우상을 만들지 말고 또 위로 하늘에 있는 것이나 아래로 땅에 있는 것이나 땅 아래 물속에 있는 것의 어떤 형상도 만들지 말며 그것들에게 절하지 말며 그것들을 섬기지 말라 나 네 하나님 여호와는 질투하는 하나님인즉 나를 미워하는 자의 죄를 갚되 아버지로부터 아들에게로 삼사 대까지 이르게 하거니와"라고 하셨습니다. 우상 숭배하는 것은 하나님 외에 다른 신을 섬기는 것입니다. 다른 신이 누구입니까? 사탄이라고도 하며 마귀라

고 하는 존재입니다. 하나님의 자녀가 우상을 섬기는 것을 성경은
영적 간음이라고 말씀하고 있습니다. 가장 무서운 죄입니다.

마귀는 요한복음 10장 10절에 도둑질하고 죽이고 멸망시키는 존
재입니다. 영적인 테러범입니다. 그래서 우상을 섬기지 말라고 하
셨습니다. 우상을 섬기는 것은 마귀를 섬기는 것입니다. 그래서 반
드시 실패하게 됩니다. 아버지로부터 아들에게로 삼사 대까지라는
말씀은 후대들에게 문제가 온다는 말씀입니다. "나를 사랑하고 내
계명을 지키는 자에게는 천대까지 은혜를 베푸느니라"(출 20:6). 우
상 문제를 해결하는 가정과 가문에 약속하신 축복입니다.

수혼법(자식이 없이 죽으면 대를 이어 주기 위한 법)에 의하여 장자가
자식 없이 죽었기 때문에 둘째 아들 오난하고 결혼을 합니다. "첫
날 밤에 오난이 자기 씨가 되지 않을 줄을 알고 땅에다 설정하매 하
나님께서 그도 죽이신지라"(창 38:9~10). 안다는 것은 지식을 말합
니다. 오난처럼 세상적으로는 지성인이지만 영적으로는 무지한 사
람들이 많습니다. 그리스도의 언약을 모르는 영적 무지 때문에 오
난이 죽게 된 것입니다. 사람들은 하나님이 무서운 분이라고 오해
합니다. 창세기 4장 24절에 "다른 씨"가 나옵니다. 이 씨는 그리스
도의 비밀을 의미합니다. 유다 가문은 그리스도의 계보를 이어가는
가문입니다. 이런 영적 사실을 모르는 무지 때문에 두 아들이 죽게
된 것입니다. 자기 씨가 되지 않을 줄 알고 땅에다 설정했다는 말은
오실 메시야(그리스도)를 거부한 것입니다. 그리스도가 오지 않으시

면 어떻게 되겠습니까? 창세기 3장 원죄는 영원히 해결되지 않습니다. 그러면 우리는 영원히 저주를 받는 것입니다. 그리스도가 반드시 오셔야 됩니다. 하나님께서 보내시겠다고 약속하셨기 때문입니다. 그것을 거부하니 죽이신 겁니다. 성경을 기록한 목적은 그리스도를 증언하는 것입니다. 성경은 복음서입니다. 성경 가지고 다른 것 가르치면 저주를 받습니다.

갈라디아서 1장 8절에 "우리나 혹은 하늘로부터 온 천사라도 우리가 너희에게 전한 복음 외에 다른 복음을 전하면 저주를 받을지어다"라고 강력히 경고를 합니다. 다른 복음이란 창세기 3장 15절에 약속된 그리스도 말고 다른 것을 전하는 것입니다. 오늘날 일부 신학자들과 목회자들이 종교통합을 조장하고 있습니다. 또는 차별금지법에 동조하고 있습니다. 심각한 문제입니다. 그리스도를 말할 자격이 없는 사람들입니다. 아니 그리스도 이름을 욕(辱) 되게 하는 것입니다. 에서와 같이 망령된 사람들입니다. 입으로는 그리스도를 말하고 있지만 다른 복음을 전하고 있는 것입니다.

종교통합에 앞장서고 있는 일부 신학자나 목회자들에게 분명하게 말합니다. 통합이 아니고 혼합이며 영적인 간음을 하는 행위입니다. 열왕기상 18장에 하나님도 섬기고 바알과 아세라도 섬기는 이스라엘 백성들과 똑같은 사람들입니다. 엘리야를 통해 하신 말씀에 귀를 기울여야 합니다. 열왕기상 18장 21절에 "너희가 어느 때까지 둘 사이에서 머뭇머뭇하려느냐 여호와가 만일 하나님이면 그를 따르고 바알이 만일 하나님이면 그를 따를지니라" 양자택일 (兩者擇一) 해야 합니다. 하나님과 마귀를 함께 섬길 수 없기 때문입니다. 두 주인을 섬길 수 없습니다. "집 하인이 두 주인을 섬길 수 없나니 혹 이를 미워하고 저를 사랑하거나 혹 이를 중히 여기고 저를 경히 여길 것임이니라 너희는 하나님과 재물을 겸하여 섬길 수 없느니라"(눅 16:13).

종교통합을 주장하며 앞장서고 있는 신학자와 목회자들은 회개하고 하나님께로 돌아오기 바랍니다.

유다가 다말에게 셀라가 너무 어리니까 장성(長成)할 때까지 친정에서 기다리라고 합니다. 다말이 셀라가 장성할 때까지 기다렸습니다. 셀라가 장성했지만 유다가 주지 않았습니다. 이때 유다의 아내 가나안 사람 수아의 딸까지 죽었습니다. 유다가 언약이 희미하니까 집안에 계속해서 장례식을 치르게 됩니다. 유다가 집에 앉아 있을 수가 없습니다. 그래서 바람을 쐬기 위하여 딤나 언덕에 자주 올라갔습니다. 이때 다말이 소식을 듣고 창녀로 가장해서 섹시한 옷을 입고 얼굴을 가리고 향수를 뿌리고 유다를 유혹 합니다. 유다가 창녀로 가장한 다말을 보고 하룻밤 동침하자고 합니다. 다말은 유다에게 삯을 내고 들어오라고 합니다. 유다는 지금 가진 것이 없으니 나중에 주겠다고 합니다. 다말은 증표를 내게 주고 들어오라고 합니다. 그래서 지팡이와 도장과 끈을 주고 하룻밤을 보냅니다. 창세기 38장 18절이 중요합니다. 그가 유다로 말미암아 임신했다고 나옵니다. 누구 씨를 받았습니까? 유다 속에 있는 씨를 받은 것입니다. 창세기 4장 24절에 "다른 씨" 언약을 위해서 이렇게 한 것입니다. 그리스도가 오셔야 되기 때문입니다. 자기 생명을 걸어버린 것입니다. 발각되면 죽습니다. 이게 순교자적인 신앙입니다. 나중에 유다가 지팡이와 도장과 끈을 찾으려고 사람을 보냅니다. 가서 보니 창녀의 집(천막)이 없어졌습니다. 사람들에게 물어보니 원래 없었다고 했습니다. 그래서 없던 일로 하고 석 달이란 시간이 지났습니다. 며느리가 임신했다는 소문이 들립니다. 유다가 얼마나 화가 났든지 끌고 와서 불살라 죽이라고 합니다. 복음이 희미해지면 두더지처럼 율법이 튀어나옵니다. 재판도 없이 죽이라고 합니다. 지금도 자신의 실수에는 관대하지만 다른 사람이 실수한 것을 용납하지 못하고 돌을 들어 치려고 달려드는 사람들이 많습니다. 이것보다 더 심각한 것은 복음과 율법이 섞인 율복(율법+복음)주의자들입니다. 율법과 복음을 구분을 못합니다. 율법은 거룩한 하나님의 말씀입니다. 율법은 죄를 깨닫게 하고 죄인임을 깨닫게 해서 복음으로 구원을 받도록 하는데 목적이 있습니다. 그런데 정죄하고 비판하고 심판하는 데 사용을 합니다. 자신이 재판장 노릇을 하는 것입니다. 우리의 재판장은 오직 하나님이십니다. 그 분만이 우리를 판단하시고 정죄하실 수 있는 것입니다. 하나님의 판단의 기준은 그리스도입니다. 복음은 죄 문제와 사탄의 문제와 지옥의 문제를 해결하시고 우리를 구원하셔서 하나님의 자녀로 삼으시는 능력입니다.

이때 다말이 '이 도장과 끈과 지팡이가 누구의 것입니까? 이 물건 주인으로 말미암아 내가 임신했나이다' 라고 말합니다. 이 말을 들고 26절에 유다가 이렇게 말합니다. "그는 나보다 옳도다" 이 한 마디가 모든 상황을 정리했습니다. 유다는 언약이 희미했지만 다말은 언약을 생명 걸고 붙잡은 것입니다. 이것을 은혜라고 합니다. 다말이 정말 지혜로운 여인이자 참 제자입니다. 지금은 유전자(DNA)를 통하여 확인할 수 있지만 다말 시대는 과학이 발달되지 않아서 유전자 검사를 할 수 없습니다. 그래서 모든 사람들이 알 수 있는 증표를 받고 동침을 한 것입니다. 유다의 씨를 받았다는 사실을 입증하기 위하여 꼭 필요했던 것입니다. 언약을 얼마나 소중하게 여기고 있는지 알 수 있습니다.

우리 인간은 창세기 3장 저주 아래 있습니다. 이것저것 따질 여유가 없습니다. 물에 빠져 죽어가는 사람은 이것저것 생각할 겨를이 없습니다. 지푸라기라도 잡고 나와야 사는 것입니다. 무엇을 붙잡아야 됩니까? 그리스도의 언약을 붙잡아야 합니다. 하나님이 보시기엔 다 똑같습니다. 그 언약을 다말이 붙잡았습니다. 그러니 당당하게 다말의 이름이 그리스도의 족보에 올랐습니다. 언약을 잡으라는 것입니다. 성경은 윤리서나 도덕서가 아니라 복음서입니다. 윤리 도덕이 필요 없다는 말이 아닙니다. 먼저 구원부터 받아야 된다는 뜻입니다. 구원받지 못한 사람들의 의는 "더러운 옷과 같다"라고 합니다(사 64:6). 성경의 윤리나 도덕은 유교나 불교가 말하는 것과 다르다는 사실을 분명히 알아야 합니다. 윤리와 도덕성 문제를 가지고 교회가 진흙탕 싸움을 하고 있는 것을 볼 때마다 안타까운 마음이 듭니다. 교회가 복음이 아닌 다른 것 가지고 진액을 다 쏟아내고 있습니다. 영적 싸움을 할 수 있는 힘을 잃고 무기력증에 빠져버린 것입니다. 진짜 우리의 대적인 마귀와 싸울 힘이 전혀 없습니다. 교인끼리 싸우다 힘을 다 소진해 버렸습니다. 한국교회가 세상 법정에 소송을 너무 많이 하여 법조인들이 머리를 흔들 정도라고 합니다. 교회가 세상에 조롱의 대상이 되고 있는 것입니다. 한국교회가 성경을 하나님의 말씀으로 믿지 않는 증거입니다. 신앙생활의 기준이 하나님의 말씀인 성경이어야 합니다. 성경의 기준은 그리스도입니다. 초대교회는 원수 마귀와의 전쟁에서 승리했습니다. 초대교회의 모습을 회복해야 합니다. 진리와 비진리의 싸움에 생명을 걸었던 초대교회를 회복해야 합니다.

오늘날 다말 같은 사람이 있다면 교회에서 살아남기 어려울 것입니다. 이상한 눈초리를 견디지 못할 것이며 수군수군하며 정죄하고 비판하는 소리를 견디지 못하고 뛰쳐나가고 말 것입니다. 오늘날도 이런 사람들을 교회 공동체로부터 쫓아내는 사람들이 있습니다. 기준이 나(我) 중심입니다. 하나님께서는 복음을 기준으로 삼으셨습니다. 그 이유는 모든 사람이 죄인이 되었기 때문입니다. 그래서 모든 사람에게 반드시 복음이 필요합니다. 우리가 애통해야 될 것은 교회가 복음이 희미해지고 있는 것입니다. 오직 예수 외에는 보이지 않아야 됩니다(마 17:8). 복음으로 구원을 받았으면서도 교회 안에 불건전 신비주의와 율법주의자들이 많이 있습니다. 그리스도보다 모세와 엘리야를 강조하고 추종하는 사람들입니다. 그래서 모세와 엘리야를 지워 버리고 오직 예수 외에는 보이지 않게 하셨습니다. 그래야 다말과 같은 사람이 이해가 됩니다. 다말 같은 사람이 예수님의 족보에 오르게 된 것을 이해하게 될 것입니다. 교회는 단과병원이 아닌 종합병원과 같습니다. 종합병원은 모든 환자를 수용할 수 있는 시스템과 치료할 수 있는 능력을 가지고 있습니다. 교회는 모든 죄인들이 와서 복음으로 구원받고 치유를 받는 곳입니다. 교회가 세상의 기준을 가지고 판단하는 것을 세속화되었다고 하는 것입니다. 교회의 세속화는 사탄의 전략입니다. 세속화된 교회는 빛과 소금의 역할을 할 수 없습니다. 우리는 사실을 보고 진실을 보고 영적 사실을 볼 수 있어야 합니다.

신앙생활의 기준인 성경은 그리스도를 통해 구원을 받아야 된다고 강조하고 있습니다.

유다와 다말

XVIII. 언약의 사람 베레스

창세기 38장 27절부터 30절에 보면 중요한 사건이 나옵니다. 다말이 임신을 했는데 쌍둥이였습니다. 산파가 아이를 받으려고 기다리고 있는데 손 하나가 나오자 장자의 표시를 하기 위해 홍색 실을 손목에 매었습니다. 그러자 손이 다시 들어갑니다. 그 후 나왔는데 손에 붉은 실이 없었습니다. 배를 터뜨리고 나왔다고 해서 이름을 베레스라고 합니다. 그 뒤를 이어 따라 나온 아이의 손에 홍색 실이 매어 있었습니다. 무슨 일이 벌어진 것일까요? 앞에서 손이 나갈 때 뒤에서 잡아당겨서 구석에 밀어 넣었던 것입니다. 뒤에서 당겨 놓고 배를 터뜨리고 나온 것입니다. 그 이름이 베레스입니다.

마태복음 1장 3절을 보면 "유다는 다말에게서 베레스와 세라를 낳고 베레스는 헤스론을 낳고" 손목에 홍사가 매여 있는 세라가 빠지고 베레스가 그리스도의 계보를 이어가게 됩니다. 결국 베레스의 계보를 통해 그리스도가 오신 것입니다. 영적 전쟁이 태중에서부터 치열하게 벌어진 것입니다. 그래서 언약을 가진 가문이 중요하고, 언약 가진 부모를 만난 것이 축복이 되는 것입니다. 이 사건을 룻기 4장 18절부터 22절에 기록하고 있습니다.

저는 룻기가 굉장히 중요하다고 생각합니다. 룻기 앞에 사사기가 있습니다. 사사기는 이십일 장까지 있지만 이스라엘의 약 삼백 오십여 년의 역사를 기록했습니다. 사사기는 이스라엘의 멸망의 역사가 기록되어 있습니다. 이스라엘 백성들이 멸망당한 근본적 이유가 자기 소견대로 살았기 때문입니다. 영적인 상태가 창세기 3장 '나' 중심으로 돌아간 것입니다. 신앙생활의 기준은 자신의 소견이 아닌 하나님의 말씀인 성경입니다. 성경의 기준은 그리스도이십니다. 영적 혼돈시대를 끝내고 새로운 역사를 이루어 갈 다윗이 준비되는 현장이 룻기서입니다. 룻기 4장 18절에 보면 베레스의 계보라고 나와 있습니다. 베레스는 다말의 아들입니다. 다말이 목숨을 걸고 시아버지 유다와 동침해서 얻은 아들입니다. 다윗의 조상 첫 번째로 다말의 아들 베레스를 언급한 것입니다. 그리고 룻기 4장 21절에 살몬이 라합과 결혼해서 얻은 아들이 보아스입니다. 보아스는 룻과 결혼하여 오벳을 낳았습니다. 오벳은 이새를 낳고, 이새는 다윗을 낳았습니다.

영적인 혼돈시대를 끝내고 하나님의 새로운 역사를 열어갈 다윗을 준비시키기 위해 룻기를 기록하신 것입니다. 여기에 다말이 쓰임 받은 것입니다. 엄청난 사건입니다. 인간의 이성으로는 이해할 수 없는 부분입니다. 다윗의 가문은 육신적으로 자랑할 만한 것이 없고 오히려 숨기고 싶은 부분이 많습니다. 오늘날 우리들의 가문과 다를 바 없습니다. 다윗의 가문을 보면 시아버지와 동침한 다말이 있습니다. 기생 라합이 있습니다. 모압 지방의 이방 여인 룻과 같은 사람들이 있습니다. 윤리와 도덕이 기준이라면 감히 예수 그리스도의 계보에 올라갈 수 없는 사람들입니다. 어떻게 구원을 받습니까? 하나님의 은혜로 그리스도의 비밀을 깨달은 사람들입니다. 다말은 "씨 언약"을 라합은 "붉은 줄의 언약"을 룻은 "가나안의 언약"을 붙잡았습니다. 이 언약이 다윗에게 까지 전달되었습니다. 다윗의 후손으로 그리스도께서 오셨습니다. 하나님께서 우리도 거부할 수 없는 불가항력적(不可抗力的)인 은혜로 구원하셨습니다. 우리는 구원받을 자격도 조건도 없습니다. 그래서 은혜여야만 됩니다.

에베소서 2장 8절에 "너희는 그 은혜에 의하여 믿음으로 구원을 받았으니 이것은 너희에게서 난 것이 아니요 하나님의 선물이라"라고 말씀하셨습니다. 윤리와 도덕이 기준이라면 불에 태워 죽임을 당해야 될 사람들입니다. 돌에 맞아 죽어야 될 사람이 구원을 받았습니다. 복음이 기준이기 때문입니다.

하나님의 기준은 창세기 3장 15절에 약속하신 여자의 후손 그리스도입니다.

교회와 성도는 복음으로 사람을 살려야 됩니다. 다른 이로써는 구원을 받을 수 없나니 천하 사람 중에 구원을 받을 만한 다른 이름을 우리에게 주신 일이 없습니다(행 4:12). 한국교회와 전 세계 교회가 복음이 희미해져 가고 있습니다. 그 자리에 율법과 신비주의와 인본주의가 활개를 치고 있습니다. 그 결과 교회가 전쟁터가 되고 있고, 교회 무용론이 고개를 들고 있습니다. 복음을 놓친 교회와 성도들이 마치 노아의 아들 함처럼 허물을 들춰내서 다른 사람들이 알게 합니다. 현장에서 간음한 여인을 체포해서 모세의 율법을 내세워 죽이려고 하는 바리새인과 같은 사람들이 많습니다.

예수님께서 바리새인들에게 "너희 중에 죄 없는 자가 먼저 돌로 치라" 하실 때 사람들은 다 떠나갔습니다. 그것은 자신들도 죄인이라는 사실을 인정한 것입니다. 로마서 3장 23절에 "모든 사람이 죄를 범하였으매 하나님의 영광이 이르지 못하더니" 지구 상의 모든 사람에게 진정으로 필요한 것은 복음뿐입니다. 그리스도를 통해서만 의롭게 됩니다.

XIX. 세계복음화의 주역 요셉 (영적 장자)

　야곱이 요셉을 17년 동안 채색 옷을 입혀서 특별 관리하며 창세기 3장 15절의 "여자의 후손, 방주, 이삭 대신 숫양"의 언약을 각인시키고, 뿌리내리고, 체질화시켰습니다. 언약을 개인화시켰다는 뜻입니다. 언약이 개인화된 사람을 제자라고 합니다. 우리도 모든 사람을 사랑하고 도와줘야 합니다. 그러나 요셉처럼 특별 관리하며 언약을 개인화시킬 제자를 따로 키워야 합니다. 요셉을 통해 제자 한 명이 얼마나 중요한지 깨닫게 됩니다. 우리의 자녀들과 후대들을 어떻게 키워야 되는지 깨닫게 하신 것입니다.

　창세기 마지막에 나오는 사람이 요셉입니다. 언약적인 관점에서 주인공은 아닙니다. 그러면 요셉은 누구입니까? 창세기 15장 13절부터 14절에 보면 하나님이 아브라함에게 말씀하셨습니다. "네 자손이 이방의 객이 되어 그들을 섬기겠고 그들은 사백 년 동안 네 자손을 괴롭히리니 그들이 섬기는 나라를 내가 징벌할지며 그 후에 네 자손이 큰 재물을 이끌고 나오리라"라고 하셨습니다. 애굽으로 들어갈 것을 말씀하고 있는 것입니다. 그러면 누군가를 통해 들어가야 하는데 이 말씀을 성취할 사람이 요셉입니다. 그리고 창세기 37장에 하나님께서 요셉에게 세계복음화의 비전을 주셨습니다. 하나님께서 세계복음화를 이루시기 위해 요셉을 애굽으로 보내신 것입니다. 요셉을 세계선교의 모델로 세우셨습니다.

요셉은 하나님과 소통이 가장 잘 되는 사람입니다. 창세기 37장 1절부터 11절에 하나님이 주신 가정 복음화와 세계복음화의 비전을 품은 사람입니다. 창세기 50장 24절부터 25절에 마지막 죽기 전에 유언을 합니다. 내 해골을 메고 가서 가나안 땅에 묻어 달라고 부탁합니다. 평생 요셉은 그리스도를 대망(大望)하면서 살았음을 의미합니다. 가나안 땅에 묻어 달라고 부탁한 것은 가나안 땅에 메시야가 오실 것을 항상 기다렸다는 것을 후대들이 알 수 있도록 해달라는 것입니다. 요셉은 하나님과 함께 하는 비밀을 누리고 있는데 계속 고난이 닥칩니다. 첫 번째 고난은 가정문제였습니다. 어머니 라헬이 동생 베냐민을 낳다가 세상을 떠났습니다. 어머니의 사랑을 가장 많이 받아야 될 나이입니다. 어머니가 세상을 떠나자 이복형들이 미워하며 따돌립니다. 이를 통해 요셉은 기도의 비밀을 배웠습니다. 요즘 후대들은 친구들이 많아 기도의 필요조차 느끼지 못합니다. 세상의 외로움이 하나님과 소통하는 최고의 시간이 되었던 것입니다. 하나님과 소통하는 비밀이 있다면 어디에 가도 살아

남을 수 있습니다. 나중에는 형들이 요셉을 노예로 팔았습니다. 보디발의 집에서 노예생활을 하다 가정 총무가 되었습니다. 이를 통해 경제를 배웠습니다.

창세기 39장 1절부터 6절에 중요한 내용이 있습니다. 여호와께서 요셉과 함께 하시므로 그가 형통한 자가 되었다고 합니다. 노예생활을 하고 있는데 형통하다고 합니다. 현대 그리스도인들이 이해하기 힘든 부분입니다. 세상에서 성공하고 물질이 풍성해야 형통하다고 생각하는 세대입니다. 이런 사상이 교회까지 파고들어와 있습니다. 그러니까 어려움이 오면 삶을 포기하고 자살(自殺)하게 됩니다.

요셉은 재산이 한 푼도 없습니다. 자신도 주인의 재산목록에 올라가 있는 신세입니다. 그런데 성경은 요셉이 형통한 자가 되었다고 말씀하고 있는 것입니다. 하나님이 함께 하시는 임마누엘의 비밀을 가진 자는 형통한 자입니다. 또한 그의 주인 보디발이 여호와께서 요셉과 함께 하심을 보며 여호와께서 그의 범사에 형통하게 하심을 보았다고 합니다. 이것이 전도와 선교의 시작입니다.

기독교인들이 불신 세상에 보여주어야 될 것이 무엇인지 깨닫게 합니다. 싸움하는 것을 보여주는 것이 아니라 복음을 보여 주어야 합니다. 분열하는 것을 보여주는 것이 아니라 복음의 능력을 보여 주어야 합니다. 보디발이 자기의 집과 그의 모든 소유물을 다 요셉의 손에 위탁하여 주관하게 하였습니다. 그때부터 여호와께서 요셉을 위하여 보디발의 집과 밭에 있는 모든 소유에 복을 주셨습니다. 요셉을 위하여 밭에 있는 배추, 무, 고추, 땅콩, 파, 쌀, 보리까지 다 복을 주셨다는 것입니다. 그리스도인들이 사람 탓하고 환경 탓하며 사는 것은 무능하고 무기력하기 때문입니다.

요셉은 노예로 갔는데 하나님이 함께 하시는 비밀을 가지고 사람의 마음과 환경을 완전히 변화시켰습니다. 어려움이나 환경이 문제가 아닙니다. 문제가 있다면 하나님과 함께 하지 않는 것입니다. 요셉이 보디발의 집에서 가정 총무가 되어 안정된 생활을 하고 있는데 보디발의 아내가 유혹을 합니다. 단호하게 유혹을 거절했습니다. 누명을 쓰고 종신형을 선고받아 감옥에 들어갔습니다. 이 사건이 경제대학(보디발의 집)을 졸업하고 정치대학(감옥)에 들어가는 기회가 되었습니다. 언약을 가진 자에게는 문제가 문제 될 수 없음을 보게 됩니다.

누명을 쓰고 들어간 감옥에서는 정치를 배웠습니다. 요셉이 들어간 감옥은 보디발의 집에 있습니다. 주로 왕이나 왕궁에서 죄를 지은 사람들을 가두는 감옥입니다. 고급 정치인들이 죄를 범하고 오는 감옥입니다. 왕의 술 맡은 관원장과 떡 굽는 관원장이 꿈을 꾸었는데 해석할 사람이 없습니다. 요셉이 두 관원장의 꿈을 해석했습니다. 해석대로 되었습니다. 요셉이 술 맡은 관원장에게 나는 죄를 지어서 온 것이 아니다. 나는 히브리 사람이다. 당신이 왕 앞에 가서 탄원을 해달라고 부탁을 했지만 관원장이 요셉을 잊어버립니다. 만 이 년 후에 바로 왕이 꿈을 꾸고 해석을 하라고 하는데 해석해 줄 사람이 없습니다. 왕이 화가 나서 박사와 박수와 술객들을 다 죽이라고 명령을 내립니다. 이때 술 맡은 관원장이 요셉이 생각나서 바로 왕에게 소개합니다. 요셉이 바로 왕 앞에 설 때 나이가 30세였습니다(창 41:46). 애굽의 고위공직자가 될 수 있는 나이가 30세라고 합니다.

하나님이 하신 것입니다. 노예로 팔려가서 살다가 누명을 쓰고 종신형을 받고 감옥에 들어간 요셉이 총리가 될 수 있는 확률은 제로입니다. 완전한 하나님의 작품입니다. 하나님은 최적의 시간표를 가지고 축복하십니다. 절대 서두를 필요가 없습니다. 조급하거나 낙심하는 것은 하나님을 믿지 않는 불신앙에서 나오는 것입니다.

요셉이 바로 왕의 꿈을 해석합니다. 칠 년 풍년이 오고 그 후 칠 년 흉년이 찾아올 것을 말하고 대비책까지 명쾌하게 말합니다. 바로 왕이 듣고 신하들 앞에서 "이와 같이 하나님의 영에 감동된 사람을 우리가 어찌 찾을 수 있으리오"하고 총리로 임명을 합니다(창 41:38). 얼마나 감동을 받았던지 인장 반지를 요셉의 손에 끼우고 세마포 옷을 입히고 금 사슬을 목에 걸고 자기에게 있는 버금 수레에 그를 태우고 애굽 전국을 다스리게 하였습니다. 그러면서 '애굽 땅에서 네 허락이 없이는 수족(手足)을 놀릴 자가 없으리라'고 합니다. 어떻게 이런 일이 가능할까요? 하나님이 하신 것입니다. 요셉은 집에서 나오기 전에 이미 영적 집중력을 통해 영적 정상의 자리에 있었습니다. 복음이 각인되고 뿌리내리고 체질이 되어 있었습니다. 이때를 위하여 하나님께서 미리 준비를 시키신 것입니다. 야곱은 채색 옷을 입혀서 자신의 후계자로 삼으려고 했지만 하나님께서는 세마포 옷을 입고 애굽과 전 세계를 살리는 전도자로 살게 하셨습니다. 하나님께서는 우리의 기대 이상으로 후대들을 축복하셔서 세계복음화의 축복을 누리게 하실 것입니다.

요셉은 믿음과 실력을 갖춘 사람입니다. 영성과 지성을 겸비한 총리입니다. 하나님을 알고 세상을 아는 복음 엘리트입니다. 이런 사람이 정치인이 되어야 합니다. 요즘 정치인들은 여론을 하나님보다 두려워합니다. 옳은 일도 여론이 반대하면 못합니다. 틀린 일도 찬성하는 여론이 높으면 망설이지 않고 합니다. 이런 정치인들 때문에 나라가 어려워지는 것입니다. 언약 가진 후대들 가운데 요셉과 같은 정치지도자가 나와야 나라가 축복을 받습니다. 요셉이 왕의 꿈을 해석하고 모든 실권이 요셉에게 넘어갑니다. 이것이 그리스도의 비밀을 가진 사람의 축복입니다. 언약 가진 자에게 고난은 축복의 발판입니다. 요셉의 해석대로 풍년 후에 흉년이 옵니다. 나중에 형제들이 애굽으로 쌀을 사러 옵니다. 이때는 요셉이 자신의 정체를 드러내지 않습니다. 나중에 베냐민까지 데려와서 열한 명이 절을 하자 자신이 요셉인 것을 밝힙니다. 요셉의 꿈이 이루어진 것입니다. 노예로 팔려갔을 때나 감옥에 있을 때도 하나님께서 주신 비전을 잊지 않은 것입니다(창 37:1~11). "당신들의 단은 내 단을 둘러서서 절하더이다. 해와 달과 열한 별이 내게 절하더이다"
했던 말이 성취되었습니다.

하나님의 말씀은 반드시 이루어집니다.

"비와 눈이 하늘로부터 내려서 그리로 되돌아가지 아니하고 땅
을 적셔서 소출이 나게 하며 싹이 나게 하여 파종하는 자에게는 종
자를 주며 먹는 자에게는 양식을 줌과 같이 내 입에서 나간 말도 이
와 같이 헛되이 내게로 되돌아오지 아니하고 나의 기뻐하는 뜻을
이루며 내가 보낸 일에 형통함이니라"(사 55:10~11).

하나님께서 요셉을 통해 세계복음화를 이루셨습니다. 전 세계에
하나님을 설명하고 복음을 전하는 기회를 주셨습니다.

어릴 때 복음이 각인되고 뿌리내리고 체질화된 한 사람이 이렇
게 중요합니다. 하나님께서 주신 비전을 품고 성령의 인도를 받는
한 명의 제자를 통해 세계복음화가 이루어졌습니다. 하나님은 전능
자이십니다. 사람들의 도움이 필요치 않습니다. 언약 가진 한 사람
을 통해 세계를 살리시는 분이십니다. 야곱처럼 그 한 제자를 키우
는 축복을 누리시기 바랍니다. 우리의 후대들 가운데 왕(王)을 상대
할 요셉과 같은 인물이 반드시 일어나게 될 것입니다.

하나님이 요셉에게 보상을 해주셨는데 두 아들을 주셨습니다. 첫
째 아들이 므낫세입니다. 잊어버리게 하셨다는 뜻입니다. 둘째 아
들은 에브라임입니다. 창대케 하셨다는 뜻입니다. 과거의 모든 상

처를 잊어버릴 만큼 창대하게 축복하셨습니다. 두 아들의 이름 속에 요셉의 신앙고백이 담겨 있습니다. 전 세계에 모든 민족에게 그리스도 언약을 전달하는 제자들이 받을 응답입니다. 전 세계 구석구석에서 요셉과 같은 복음을 가진 제자들을 일으키고 계시는 만왕의 왕이신 그리스도 이름을 찬양합시다.

낭중지추(囊中之錐)라는 사자성어가 있습니다. 주머니 속의 송곳이라는 뜻입니다. 재능이 뛰어난 사람은 마치 주머니 속의 송곳 끝이 밖으로 삐져나오듯이 남의 눈에 드러나는 법이라는 의미입니다. 불신자 보디발이 여호와께서 요셉과 함께 하심을 보았습니다. 바로 왕이 여호와의 영에 감동된 요셉을 보게 되었습니다. 요셉이 감추고 있는 비밀이 다른 사람의 눈에 드러난 것입니다. 낭중지추(囊中之錐)라는 말이 요셉에게 딱 맞는 말입니다.

우리가 확신을 가져야 될 것이 있습니다. 구원받은 하나님의 자녀들에게는 안 좋은 일이란 없다는 사실을 확신해야 합니다. 요셉이 노예로 팔려가고 누명을 쓰고 감옥에 들어간 것이 하나님의 계획이었음을 보았습니다. 사람들은 예수를 믿으면 건강하고 사업이 잘되고 명문대학에 들어가고 승진을 해야 된다고 생각합니다. 한마디로 불신자들이 가지고 있는 생각을 하고 있는 것입니다. 나의 인생 전체가 하나님의 계획을 이루어간다면 노예로 팔려가도 좋고 누명을 써도 괜찮고 감옥에 들어가도 감사할 수 있어야 합니다. 요셉은 형들에게 고백했습니다. 당신들이 나를 이곳에 팔았다고 해서 근심하지 마소서 한탄하지 마소서 하나님이 생명을 구원하시려고 나를 당신들보다 먼저 보내셨나이다(창 45:5). 하나님의 절대 주권을 믿는 사람만이 할 수 있는 신앙고백입니다. 하나님의 절대 주권을 믿는 바울도 데살로니가전서 5장 16부터 18절에 항상 기뻐하라 쉬지 말고 기도하라 범사에 감사하라 이는 그리스도 예수 안에서 너희를 향하신 하나님의 뜻이라고 했습니다. 이런 사람들을 세상이 감당치 못한다고 했습니다.

"이런 사람은 세상이 감당하지 못하느니라 그들이 광야와 산과 동굴과 토굴에 유리하였느니라"(히 11:38).

세계복음화의 주역 요셉

PART 3

반복되는 실패의 원인과 회복의 길

Ⅰ. 언약을 놓쳐 애굽의 노예가 된 이스라엘

창세기 1장부터 50장까지 언약을 한(恨) 맺히게 전달했습니다. 그러나 이 언약을 놓쳐서 애굽에 약 사백 년 동안 노예가 되었습니다(요셉이 살아 있었던 동안의 년 수는 빼야 됨). 처음부터 노예가 아니었습니다. 요셉과 그 시대 사람들이 살아 있을 때는 고센 땅에서 최고의 대우를 받으며 살았습니다. 그러나 언약이 확실한 요셉과 그 시대 사람들이 죽고 나서 노예가 되었습니다. 언약 전달에 실패했습니다. 제자 키우는 일에 실패했습니다. 후대 운동에 실패했습니다. 그래서 사백 년 동안 후대들이 고통을 받게 됩니다. 언약 전달에 실패하면 후대들이 고통을 당하게 됩니다. 언약을 놓치면 노예가 됩니다. 노예가 되어서 불신자들의 종노릇을 하고 우상을 만드는 일에 사용되었습니다. 하나님의 백성들이 불신자들의 종노릇 한다는 것은 비참한 것입니다.

언제 해방되었습니까? 출애굽기 3장 18절에 "희생 제사" 언약을 붙잡고 어린양의 피를 뿌렸는데 해방을 받았습니다. 출애굽기 12장 13절에 "내가 애굽 땅을 칠 때에 그 피가 너희의 사는 집에 있어서 너희를 위하여 표적이 될지라 내가 피를 볼 때에 너희를 넘어가리니 재앙이 너희에게 내려 멸하지 아니하리라"라고 하셨습니다. 그 날 밤에 애굽 땅 전역에 재앙이 내렸습니다. 바로의 아들부터 옥에 갇힌 사람의 장자까지와 가축의 처음 난 것을 다 치셨습니다(출 12:29). 그러나 양의 피를 뿌린 집은 하나님의 말씀처럼 재앙이 그 피를 보고 넘어갔습니다. 이 날을 유월절(踰越節 Passover)이라고 합니다. 사백 년 만에 복음이 회복되는 시간표에 기적이 일어난 것입니다.

유월절 어린양의 피는 곧 그리스도가 오셔서 십자가에서 흘리실 피의 그림자입니다. 그리스도 언약을 회복할 때 노예생활에서 해방을 받았습니다. 이것이 출애굽기입니다.

출애굽(Exodus)해서 홍해를 건너고 광야에서 사십 년을 살았습니다. 뒹굴어도 사십 일이면 갈 수 있는 가나안 땅에 사십 년 만에 들어갔습니다. 왜 그랬을까요? 애굽에서 노예 생활하면서 각인되고 뿌리내리고 체질화된 불신앙 때문입니다. 불신앙 때문에 사십 년간 광야에서 장례식을 치르게 됩니다. 불신앙을 제거하고 언약을 회복시키려고 언약궤와 성막을 만들고 세 절기(유월절, 오순절, 수장절)를 만들어 지키게 하셨습니다. 불신앙은 영적인 암(癌)입니다. 제거하지 않으면 안 됩니다.

하나님께서 광야 사십 년 동안 언약궤를 모신 성막 중심으로 살면서 세 절기를 통해 언약을 배운 후대를 일으켜 세우셨습니다. 그 후대들과 함께 불신앙에 빠지지 않고 믿음을 지킨 여호수아와 갈렙만이 가나안 땅을 정복하게 하셨습니다.

유월절 어린양의 피를 뿌리고 출(出) 애굽 한 사건이 구원의 비밀입니다. 구원받은 이스라엘 백성들이 홍해 바다가 육지같이 갈라져 건너는 체험을 했습니다. 그럼에도 불구하고 각인되고 뿌리내리고 체질화된 불신앙이 제거되지 않아서 결국 메시야 오실 가나안 땅에 들어가지 못하고 죽었습니다. 기성세대들은 시급하게 불신앙을 제거하고 복음을 각인시키고 말씀에 뿌리를 내리며 성령의 능력으로 체질을 바꾸어야 합니다. 그래야 여호수아와 갈렙처럼 세계복음화의 주역으로 쓰임 받게 됩니다. 말씀을 듣고 돌아서서 불신앙 할 수밖에 없는 자신을 돌아보며 나를 멈추고 하나님께 집중하는 시간을 통하여 영적 상태를 바꿔야 합니다. 영적 상태에 따라서 응답이 오거나 실패가 오기 때문입니다.

Ⅱ. 언약을 놓쳐 바벨론의 포로가 된 이스라엘

믿음의 사람 여호수아와 갈렙의 주도하에 요단을 건너서 가나안을 정복하게 됩니다. 그리고 사사시대를 지나 왕정시대에 다윗이 준비하고 솔로몬이 성전을 건축하여 봉헌하고 전무후무한 축복을 받았습니다. 엄청난 축복을 누리다가 또 언약을 놓치고 칠십 년 동안 바벨론의 포로가 됩니다. 반복입니다.

정말 비참한 일입니다. 유다의 시드기야 왕 때의 일입니다. 바벨론 왕 느부갓네살이 모든 군대를 거느리고 예루살렘을 치러 올라와서 시드기야 왕이 보는 앞에서 왕자들을 다 죽입니다. 자식들이 죽임을 당한 것을 두 눈 뜨고 본다는 것은 부모에게 최고의 고통입니다. 부모가 언약을 놓친 것 때문에 자녀들까지 고통을 당하는 것입니다. 그것도 한 나라를 통치하는 왕의 자녀들이었습니다. 고관들까지 다 죽입니다. 언약을 놓친 정치 지도자 때문에 고관들까지 멸망을 당합니다. 그리고 시드기야 왕의 두 눈을 빼고 놋 쇠사슬로 묶어서 바벨론까지 끌고 가서 감옥에서 죽게 합니다(렘 52장). 너무나 비통해서 슬픈 노래를 만들어 불렀습니다. 그 책이 예레미야 애가서입니다. 언약을 놓치면 어느 날 사탄에게 당하게 됩니다. 언약을 붙잡아야 할 이유입니다. "여자의 후손이 뱀의 머리를 상하게 할 것이다"(창 3:15). 오직 사탄을 이길 수 있는 분은 그리스도 밖에 없습니다. 요한1서 3장 8절에 "죄를 짓는 자마다 마귀에게 속하나니 마귀는 처음부터 범죄함이라 하나님의 아들이 나타나신 것은 마귀의 일을 멸하려 하심이라" 예수 그리스도께서 마귀에게 눌린 모든 자를 놓아주러 오셨다고 말씀하셨습니다.

"하나님이 나사렛 예수에게 성령과 능력을 기름 붓듯 하셨으매 그가 두루 다니시며 선한 일을 행하시고 마귀에게 눌린 모든 사람을 고치셨으니 이는 하나님이 함께 하셨음이라"(행 10:38).

"죽음의 세력을 잡은 자 곧 마귀를 멸하시며. 또 죽기를 무서워하므로 한 평생 매여 종노릇 하는 모든 자들을 놓아 주려 하심이니"(히 2:14~15).

이때 주신 언약이 이사야 7장 14절입니다. "보라 처녀가 잉태하여 아들을 낳을 것이요 그 이름을 임마누엘이라 하리라" 그리스도 이야기입니다. 이 언약을 회복한 몇 사람을 통해 칠십 년 바벨론 포로 생활에서 해방을 받게 됩니다. 다른 길이 없습니다. 오직 그리스도의 언약이 아니면 절대 사탄과 재앙을 이기지 못합니다. 취미 생활은 하지 않아도 됩니다. 그러나 그리스도 언약은 생명줄로 잡아야 합니다. 언약은 곧 생명이기 때문입니다. 이 언약을 붙잡고 무너진 성전을 재건합니다. 재건한 사람의 이름이 스룹바벨입니다. 그래서 두 번째 성전을 스룹바벨 성전이라고 합니다. 성전을 재건하고 나서 하나님이 복을 주셨습니다.

바벨론 포로로 잡혀감

Ⅲ. 언약을 놓쳐 로마의 속국이 된 이스라엘

시간이 흐르면서 또 언약을 놓치게 됩니다. 이스라엘 백성들의 영적 무지를 보십시오. 마태복음 27장 25절에 "백성이 다 대답하여 이르되 그 피를 우리와 우리 자손에게 돌릴지어다" 예수님을 십자가에서 죽인 죄 값이 있다면 우리와 우리 자손들에게 돌리라고 합니다. 무서운 죄라는 사실을 알지 못합니다. 영적으로 무지한 이스라엘이 어떻게 되었습니까? A.D 70년에 로마의 디도 장군에 의해서 예루살렘이 멸망을 당했습니다. 아이를 임신한 부녀들까지 다 죽임을 당하였습니다. 재앙입니다. 언약을 놓치면 반드시 재앙이 닥칩니다. 예수께서 분명히 말씀하셨습니다. "예루살렘의 딸들아 나를 위하여 울지 말고 너희와 너희의 자녀를 위하여 울라"(눅 23:28). 이 말씀의 뜻을 제자들과 이스라엘 사람들은 깨닫지 못했습니다.

예루살렘이 멸망을 당하고 이스라엘 민족이 전 세계로 흩어지면서 나라가 지구에서 없어집니다. 이스라엘이 1948년에 독립을 해서 나라를 회복하게 되었으니 약 1900년 유리방황했던 것입니다. 복음을 막는 개인과 나라는 철저히 멸망을 받게 됩니다. 앞으로도 복음을 막는 개인과 단체와 나라를 산산이 깨뜨리실 것입니다.

이런 영적인 배경 속에 예수님이 오셨던 것입니다. 공생애가 시작되면서 제자들을 불러서 훈련을 시키십니다. 마태복음 16장 13절부터 19절에 예수님이 빌립보 가이사랴 지방에서 질문을 하십니다. "이 사람들이 인자를 누구라 하느냐? 어떤 사람들은 세례요한입니다. 어떤 사람들은 엘리야입니다. 어떤 사람들은 예레미야입니다. 어떤 사람들은 선지자 중의 하나입니다"라고 했습니다. 이 고백 속에 이스라엘 백성들의 영적 상태가 보입니다. 복음을 비슷하게 알고 있는 것입니다. 이런 영적 상태가 로마의 속국이 될 수밖에 없는 것입니다. 흑암을 이길 수가 없는 것입니다. 비슷한 복음을 가지고는 절대 재앙을 막을 수가 없습니다.

지금도 이런 사상을 가지고 있는 교단과 단체들이 있습니다. 예수님을 엘리야처럼 본 사람들이 불건전 신비주의에 빠져서 무당들처럼 살아갑니다. 불건전 신비주의자들은 모든 것을 체험중심으로 살아가기 때문에 광(狂)적인 모습으로 나타납니다. 예수님을 예레미야처럼 본 사람들이 박애주의 운동을 하고 있습니다. 국수를 끓여주고 라면을 끓여주면 사회적으로 존경을 받게 됩니다. 예수님을 세례요한으로 본 사람들이 사회운동을 하고 있습니다. 사회 운동하는 기독교 단체들이 많습니다. 다 좋은 일입니다. 칭찬받을 만한 일들을 하고 있습니다. 그러나 복음의 본질은 아니라는 것입니다.

예수님이 이것 때문에 사람의 몸을 입고 오셔서 십자가에 죽으신 것이 아니라는 말씀입니다.

좋은 일, 재미있는 일을 많이 하면서 복음의 본질을 놓치게 하는 것은 무서운 일입니다.

예수님께서 제자들에게 다시 질문을 하십니다. "너희는 나를 누구라 하느냐?" 그때 시몬 베드로가 "주는 그리스도시오 살아계신 하나님의 아들이십니다"라고 고백했습니다. 예수님께서 "바요나 시몬아 네가 복이 있도다 이를 알게 한 이는 혈육이 아니요 하늘에 계신 내 아버지시니라"라고 말씀하십니다. 하나님의 은혜로 예수가 그리스도라는 사실을 깨달았다는 말씀입니다. 똑똑한 바리새인들이 깨닫지 못한 비밀을 무식한 베드로와 제자들이 깨달은 것은 하나님의 은혜입니다.

그리스도는 하나님을 만나는 유일한 길입니다(요 14:6). 참 선지자이십니다.

그리스도는 죄와 사망의 법에서 해방을 받는 유일한 길입니다(롬 8:2). 참 제사장이십니다.

그리스도는 마귀의 일을 멸하신 유일한 길입니다(요일 3:8). 참 왕이십니다.

그리스도의 비밀을 깨달은 제자들에게 세 가지 축복을 주셨습니다.

첫째, 너는 베드로라 이 반석 위에 내가 내 교회를 세우리라.

교회는 예수가 그리스도라는 신앙고백 위에 세워진 것입니다. 교회의 주인은 예수 그리스도이십니다. 교회의 본질은 예수가 그리스도 되심을 증언하는 것입니다. 진리를 수호하고 전파하는 것이 교회의 사명입니다. 교회는 구원받은 사람들의 모임입니다.
교회는 세상을 살릴 복음 공동체입니다. 교회당은 없어져도 교회는 없어지지 않습니다.

둘째, 음부의 권세가 이기지 못하리라.

그리스도의 비밀을 가진 교회를 사탄과 저주와 지옥의 권세가 이기지 못합니다. 그리스도의 비밀 가진 교회는 한 번도 실패한 적이 없습니다. 승리가 보장되었기 때문입니다.

셋째, 천국 열쇠를 주리니 네가 땅에서 무엇이든지 매면 하늘에서 매일 것이요 네가 땅에서 무엇이든지 풀면 하늘에서도 풀리리라.
천국 열쇠는 기도응답의 축복을 주신 것입니다. 천국 문을 여는 유일한 열쇠입니다. 그 열쇠 이름이 예수 그리스도이십니다. 모든 것이 하늘에서 시작되지만 기도는 땅에서 시작되는 비밀입니다. 또한 천국 열쇠는 영적인 주도권에 관한 것입니다. 천국 열쇠를 가진 자가 주도권을 가지고 세상을 움직이게 된다는 말씀입니다. 요셉은 바로 왕이 있었지만 실권을 가지고 애굽과 세계를 움직이는 전도자로 살았던 증인입니다. 구원받은 모든 하나님의 백성들의 손에 천국 열쇠가 들려져 있습니다. 그 열쇠는 사용하라고 주신 것입니다. 24시간 사용하는 것을 보고 무시기도라고 합니다. 시간을 정해놓고 사용하는 것을 정시기도라고 합니다. 집중해서 사용하는 것이 집중기도입니다. 깊이 있게 사용하면 깊은 기도입니다. 다른 사람을 위하여 사용하면 중보기도라고 합니다. 골방에서 세계를 움직이는 비밀입니다. 기도로 세계를 움직이는 비전트립을 시작하시기 바랍니다.

참된 복음은 인간의 근본문제인 사탄과 재앙과 지옥의 권세를 이기는 능력입니다. 세계를 정복하고도 남을 축복을 주셨습니다. 예수가 그리스도라는 비밀을 깨달은 제자들을 통하여 250년 만에 로마를 정복했습니다. AD 313년에 로마가 기독교를 국교로 인정했습니다.

이렇게 복음이 회복되었다가 또 없어지게 되었습니다. 초대교회 사도들과 제자들이 순교하면서 지키고 전달했던 복음이 없어지고 전도운동이 중단이 되었습니다. 복음이 없어질 때마다 재앙과 전쟁이 일어났음을 역사가 증거하고 있습니다.

Ⅳ. 언약을 놓친 중세시대

중세시대를 보십시오. 예수를 믿어서 천국에 가는 것이 아니라 면죄부를 사야 천국에 간다고 주장했습니다. 로마 캐톨릭입니다. 한마디로 천국 가는 표를 판 것입니다. 타락의 극치를 보여준 사건입니다. 지금은 로마 캐톨릭이 완전히 적그리스도라는 사실을 만천하에 드러내고 있습니다. 심지어는 그리스도가 루시퍼의 아들이라고 합니다. 그리고 교황이 미사를 진행하는 자리에서 루시퍼를 찬양합니다. 예수가 그리스도이심을 부인하는 자는 적그리스도입니다.

최근에는 교황이 유대인들은 예수를 믿지 않아도 구원을 받을 수 있기 때문에 전도하지 말라고 말했습니다. 정말 큰일입니다. 그러면서 천주교가 기독교라고 합니다. 완전히 적그리스도입니다. 수많은 로마 캐톨릭 신자들을 복음으로 살려내야 합니다.

　이때 루터라는 사람이 로마서 1장 16절부터 17절의 말씀을 붙잡고 일어났습니다. "내가 복음을 부끄러워하지 아니하노니 이 복음은 모든 믿는 자에게 구원을 주시는 하나님의 능력이 됨이라 먼저는 유대인에게요 그리고 헬라인에게로다 복음에는 하나님의 의가 나타나서 믿음으로 믿음에 이르게 하나니 기록된바 오직 의인은 믿음으로 말미암아 살리라 함과 같으니라" 율법의 행위로는 절대 구원을 받을 수 없습니다. 오직 그리스도를 믿음으로만 구원을 받습니다. 1517년에 종교개혁이 일어났습니다. 그 시간표에 구텐베르크를 통해 인쇄술이 발달되어 있었습니다. 루터가 종교개혁을 하면서 라틴어로 되어있는 신약 성경을 독일어로 번역하고 대량으로 인쇄를 하여 평민들도 성경을 읽을 수 있게 된 것입니다. 그러면서 종교개혁이 성공을 했습니다. 성경이 모든 나라의 언어로 번역이 되어서 모든 민족이 복음을 듣도록 하는 것은 하나님의 뜻입니다. 성경은 한 나라의 전유물이 아닙니다. 기독교는 한 나라의 종교가 되어서는 안 됩니다. 기독교의 복음은 모든 민족과 만민에게 증언되어야 하며 땅 끝까지 전파되어야 합니다. 역사의 주관자는 하나님이십니다. 역사는 예수 그리스도를 중심으로 이루어져 가고 있습니다.

V. 복음과 전도운동이 실종된 현대교회

2017년 10월 31일이면 종교개혁 500주년 기념일입니다. 현대 교회를 보십시오. 복음과 전도는 없어지고 율법주의, 신비주의, 인본주의(프로그램)가 만연하고 있습니다. 복음이 없어진 증거로 교회들이 문을 닫고 있습니다. 예배드리던 곳이 술집이나 춤추는 곳으로 바뀌고 이단 종교에 팔려서 우상의 단들이 들어서고 있습니다. 하나님이 살아계시면 그냥 계실리가 없습니다. 역사를 보면 복음과 전도운동이 중단될 때마다 재앙과 전쟁이 일어났습니다. 지금 교회 지도자들이 엘리제사장처럼 영성은 없고 직업의식을 가지고 밥그릇 싸움, 자리싸움을 하고 있습니다. 여기서 나온 것이 교권입니다. 한국교회가 맘몬(Mammon) 우상에 빠져 있습니다. 재물을 너무 사랑합니다. 재물이 성공의 기준이 되어 가고 있습니다. 예수 그리스도께서 하나님과 재물을 겸하여 섬길 수 없다고 말씀하셨지만 교회는 이 말씀을 외면하고 있습니다. 교회도 부익부 빈익빈(富益富 貧益貧) 현상이 커져가고 있는 현실입니다. 한국교회에 자립하지 못하고 있는 교회가 80% 이상이라는 통계가 있지만 대형교회들은 전혀 돌아보지 않습니다. 나라와 민족이 위기를 당하고 후대들이 무너져가고 교회들이 문을 닫고 있지만 애통해하는 지도자들은 찾아보기 어렵습니다. 신학자와 대형교회 목회자들이 중심이 되어 교묘하게 종교통합을 주장하고 있습니다. 제2의 바벨탑 운동을 앞장서서 하겠다는 것입니다. 물론 신실한 소수의 신학자와 목회자, 그리고 교회 지도자들보다 복음을 사랑하는 수많은 성도들이 있기 때문에 한국교회는 소망이 있습니다. 재앙과 전쟁을 막는 길은 창세기 3장 15절의 "여자의 후손"인 그리스도의 복음을 회복하고 전도운동을 일으키는 것입니다.

하나님께서 이 일을 위하여 우리를 부르셨습니다. 아담부터 아브라함까지 이천 년입니다. 아브라함부터 예수님까지 이천년입니다. 예수님부터 지금까지 이천년입니다. 약 육천 년에 걸쳐 전달된 복음입니다. 많은 믿음의 사람들이 이 언약을 전달하다가 순교를 당하였습니다. 지금도 지구촌 곳곳에서 복음 때문에 순교의 피를 흘리는 전도자들이 많이 있습니다. 그들을 통해 모든 민족에게 복음이 전달되고 있습니다.

하나님이 그리스도의 언약을 중단시키지 않고 믿음의 사람들을 통해 전달하셨습니다. 이 바통이 우리에게까지 온 것입니다. 여기서 우리의 정체성을 찾아야 합니다. 영적인 자부심, 자긍심, 자존심을 가지고 후대들에게 언약을 전달해야 합니다.

Ⅵ. 마지막 남은 사역

어릴 때 언약을 전달받은 후대는 한 시대를 살렸습니다. 요셉은 아버지 야곱을 통해 어린 시절 십칠 년 동안 언약을 전달받았습니다. 모세는 어머니 요게벳이 유모로 들어가 삯을 받고 키우며 생명을 걸고 언약을 전달했습니다. 사무엘은 어머니 한나가 젖떼기까지 키우며 언약을 전달했습니다. 다윗은 아버지 이새와 사무엘을 통하여 언약을 전달받았습니다. 디모데는 외조모 로이스와 어머니 유니게와 바울을 통하여 언약을 전달받았습니다.

"후대 한 명은 한 시대"(ONE REMNANT IS ONE GENERATION)입니다. 반드시 어릴 때부터 영성훈련을 시킬 수 있는 센터가 필요합니다. 후대 공동체 훈련장(Remnant Unity Training Center)을 세워야 합니다. 후대들에게 어릴 때부터 복음을 각인시켜서 세계복음화의 주역으로 쓰임 받도록 해야 합니다.

2070년이 되면 이슬람교가 세계 최대의 종교가 될 것이라는 통계가 나왔습니다. 지금은 기독교가 세계 최대의 종교라고 합니다. 물론 개신교, 캐톨릭, 정교회 다 합해서입니다. 캐톨릭과 정교회는 기독교가 아니기 때문에 이미 이슬람교가 세계 최대의 종교가 된 것입니다.

답은 하나밖에 없습니다. 복음을 가진 후대를 키우는 것입니다. 이것이 후대 운동입니다. 이 일이 우리의 마지막 남은 사역이 될 것입니다.

우리나라에 육십만 명이 넘는 군인들이 있습니다. 사병들만 가지고는 전쟁에서 승리할 수 없습니다. 사병들을 지휘할 수 있는 장교들이 있어야 합니다. 사병의 숫자가 아무리 많아도 그들을 지휘할 수 있는 장교가 없으면 오합지졸(烏合之卒)이 되고 전쟁에서 백전백패(百戰百敗)하게 될 것입니다. 그래서 장교를 배출하기 위하여 육군사관학교, 공군사관학교, 해군사관학교가 있는 것입니다. 마찬가지로 구원받은 하나님의 백성들이 아무리 많아도 이들을 지휘할 영적인 장교가 없으면 영적 전쟁에서 승리할 수가 없습니다. 시급하게 영적 사관학교를 세워 영적 장교들을 키워야 합니다. 그 영적 사관학교가 RUTC(Remnant Unity Training Center)입니다. 엘리사가 도단성에서 영적 지도자를 키워서 아람 나라의 재앙을 막았습니다. 우리도 RUTC 세워 영적지도자를 키워서 이 땅의 재앙을 막아야 합니다.

바울이 회당 운동, 서원 운동을 통해 후대를 키워 로마 재앙을 막았습니다. 우리도 바울 같이 RUTC시대를 열어서 복음 가진 후대를 키워 시대의 재앙을 막아야 합니다.

이 일을 위하여 전 세계 복음을 가진 산업인(Oneness. Mission. Club)들이 일어나서 RUTC의 엔진 역할을 해야 합니다. 마지막 남은 사명이 있다면 후대들에게 언약을 전달하는 것입니다. 후대들은 우리들의 미래를 살릴 주역들입니다. 우리가 세상을 떠나고 난 후에도 이 언약이 후대들을 통하여 계속해서 전달이 되어야 합니다. 세계복음화가 완성되고 예수 그리스도께서 재림하실 때까지 말입니다. 아멘.

PART 4

GENESIS - SEEN WITH THE COVENANT

언약기도문

◈ 영접기도문 ◈

역사의 주인공이시며 성경 66권의 주인공이신 그리스도를 지금 영접하십시오.

"주 예수를 믿으라 그리하면 너와 네 집이 구원을 받으리라"(행 16:31)라고 약속하셨습니다.

"사람이 마음으로 믿어 의에 이르고 입으로 시인하여 구원에 이르느니라"(롬 10:10).

사랑의 하나님, 나는 죄인입니다. 예수님께서 그리스도로 오셔서 십자가에서 죽으시고, 부활하심으로 내 인생의 근본 문제를 해결해 주신 것을 감사드립니다. 지금 내 마음의 문을 열고 예수님을 나의 구주 나의 그리스도로 영접합니다. 지금 내 안에 성령으로 들어오셔서 나의 주인이 되어 주시고 나를 인도하여 주옵소서. 나를 하나님의 자녀로 삼아주신 것 감사드립니다. 이제부터 하나님 자녀 된 축복을 누리며 복음을 전하는 전도자로 살게 하여 주옵소서. 나를 구원하신 그리스도이신 예수님의 이름으로 기도합니다. 아멘.

예수로 충분합니다
Jesus + Nothing = Everything

◈ 인생 스케줄 누림 기도 ◈

살아계신 하나님 아버지 이 시간도 그리스도 언약 잡고 기도하게 하시니 감사합니다. 그리스도는 내 인생 모든 문제의 해답이시며 내 삶의 주인이심을 믿습니다. 지금 이 시간 기도하는 나에게 주의 성령으로 충만하게 역사하여 주옵소서!

예수님은 참 선지자, 참 제사장, 참 왕이신, 그리스도이심을 믿습니다(요 14:6, 롬 8:2, 요일 3:8).

하나님을 떠나 방황하던 나에게 하나님 만나는 길을 열어 주시고 원죄, 자범죄, 조상의 죄로 인한 저주와 재앙에서 해방하시고 마귀의 종노릇과 운명에서 벗어나 하나님 자녀의 신분과 권세를 누리며 살게 하시니 감사합니다.

1. 가정(부부)-가정 언약을 잡고 부부 포럼을 누리게 하옵소서 (창 12:1~3).

그리스도의 영원한 언약과 세계복음화의 언약 안에서 가정을 허락해 주신 것을 감사합니다. 우리 부부를 통해 후대에게 언약을 전달하며 가정과 가문을 살리는 증인으로 세우심을 믿습니다. 그리스도를 주인으로 모시고 가정 예배와 부부 포럼의 응답을 나누게 하시어 하나님의 계획을 이루는 미션홈의 축복을 누리게 하옵소서.

2. 태. 영아 −부모 언약을 잡고 부모의 축복을 누리게 하옵소서

(출 2:1~10).

날마다 하나님이 주시는 영적인 힘 가지고 부부가 서로를 이해하고 배려하는 포럼이 회복되게 하옵소서. 그래서 우리 자녀가 어릴 때부터 은혜로운 영적 분위기 속에서 성장하며 자녀에 대한 하나님의 계획이 발견되고 부모로서 복음 엘리트의 규모를 먼저 누리며 본을 보이는 부모가 되게 하옵소서.

3. 유치 − 기초 언약을 잡고 복음 엘리트의 규모를 갖추게 하옵소서(삼상 3:1~18).

그 어떤 훌륭한 사람도 죄와 지옥과 사탄의 문제를 해결할 수 없기에 그리스도께서 오셔서 해결하신 것을 어릴 때 믿는 근본치유가 시작되게 하옵소서. 후대에게 유일성 복음, 완전성 복음, 절대성 복음을 심어 영적인 정서, 복음적인 정서, 올바른 삶의 정서가 뿌리내리게 하옵소서. 깨끗한 심령에 세상의 것이 먼저 들어가 뿌리내리기 전에 근본 언약이 뿌리내려 심기게 하옵소서.

4. 초등 − 기초 언약을 잡고 복음 엘리트의 규모를 갖추게 하옵소서(딤후 3:14~17).

삶의 가장 중요한 기초가 형성되는 시기에 복음 엘리트 언약을 붙잡고 기도하게 하심을 감사드립니다. 말씀과 기도와 전도포럼과 독서포럼, 공부포럼을 통해 엘리트 의식과 규모를 갖추게 하옵소서. 부모와의 관계 속에서 전도자의 인턴십이 되게 하옵소서. 그래서 언약과 삶에 대한 기초가 뿌리내리게 하옵소서.

5. 중. 고등 – 복음 엘리트의 습관을 갖추게 하옵소서(시 78:70~72).

가장 혼란스럽고 방황하기 쉬운 시기에 하나님 자녀로서 자부심, 자존심, 자긍심을 가지고 기도하며 도전하는 후대가 되게 하시며, 그 속에서 분명한 전문성의 방향을 붙잡고 만남의 축복을 가지게 하옵소서. 그래서 가정, 학교, 교회의 모든 생활이 발판이 되게 하옵소서.

6. 대학 – 전문인 선교사로 그릇 준비하게 하옵소서(왕하 2:1~11).

생명을 걸만한 가치를 발견한 전문인 선교사로 비전을 품고 최고의 그릇을 준비하는 대학 시기가 되게 하옵소서. 성령의 충만함 속에서 전도자의 삶을 가지고 세상에 도전하게 하옵소서. 후대의 모델과 발판이 되어 RUTC운동을 준비할 만큼 믿음과 실력을 준비하게 하옵소서.

7. 청년 – 개인화, 전문화, 세계화의 응답을 누리게 하옵소서
(사 60:1~22).

유일성의 언약 안에서 후대의 발판, 엘리트 살릴 전문인, 중직자의 모델이라는 비전을 붙잡게 하옵소서. 나의 힘이 아니라 정시, 무시, 24시 기도 속에서 세상문화와 영적싸움에서 승리하게 하시며 나에게 허락하신 현장과 전문분야를 살리는 지교회 응답의 주역이 되게 하옵소서.

8. 장년 – 신앙의 발자취를 남기게 하옵소서(빌 3:12~14).

남은 인생을 계수하여 전도자로서 당연한 일, 필요한 일, 절대적인 일을 할 줄 아는 지혜를 주옵소서. 평생 기도제목을 붙잡고 기도의 파수꾼으로, 평생 전도계획을 가지고 그리스도의 제자를 남기며, 평생 헌금 계획을 가지고 교회를 든든히 세우는 로마서 16장 인물처럼 전도와 선교의 응답을 누리게 하옵소서.

9. 노년 – 믿음의 유산을 남기며 모든 영광을 하나님께 돌리게 하옵소서(대상 29:10~14).

남은 생애가 후대들에게 남은 자, 흩어진 자, 숨겨둔 자, 서밋(Summit), 전도제자의 축복을 전달하며 함께 세계복음화의 증인으로 당당히 서게 하옵소서.

이 모든 말씀을 예수 그리스도 이름으로 기도합니다. 아멘.

◈ 전도자의 가정에 주신 이면계약 누림 기도 ◈

살아계신 하나님 아버지 이 시간도 그리스도 언약 잡고 기도하게 하시니 감사합니다. 그리스도는 내 인생의 모든 문제의 해답이시며 내 삶의 주인이심을 믿습니다. 지금 이 시간 기도하는 나에게 주의 성령으로 충만하게 역사하여 주옵소서.

예수님은 참 선지자, 참 제사장, 참 왕이신 그리스도이심을 믿습니다(요 14:6, 롬 8:2, 요일 3:8).

하나님을 떠나 방황하던 나에게 하나님 만나는 길을 열어 주시고 원죄, 자범죄, 조상의 죄로 인한 저주와 재앙에서 해방하시고 마귀의 종노릇과 운명에서 벗어나 하나님 자녀의 신분과 권세를 누리며 살게 하시니 감사합니다.

1. 부부 ─복음 누리는 참 행복의 모델이 되게 하옵소서(창 2:24).

그리스도의 영원한 언약과 세계복음화의 언약 안에서 가정을 허락해 주신 것을 감사합니다. 아내는 남편에 대한 하나님의 계획을 발견하여 돕는 배필의 축복을 나누게 하시며 남편은 아내를 그리스도께서 교회를 사랑하신 것처럼 사랑하고 아내는 남편을 주님 사랑하듯 사랑하게 하옵소서. 부부 포럼을 통하여 서로의 가문의 영적 배경이 이해되고, 치유되게 하시며 그리스도가 부부의 주인 되어 참 행복을 누리게 하옵소서.

2. 부모 —복음, 기도, 전도의 모델로 축복의 증인이 되게 하옵 소서(잠 22:6).

혈연적인 관계를 넘어 영적인 축복을 나누게 하심을 감사합니다. 부모의 믿음을 통해 가문의 모든 영적 문제가 해결되는 제사장적 사명을 감당하게 하시며, 온 가문과 후대에게까지 복음의 축복이 전달되는 선지자적 사명을 누리게 하시며, 가정과 가문의 모든 흑암 문화를 복음 문화로 바꾸는 왕적 사명을 감당하는 증인으로 서게 하옵소서. 그래서 자녀들과 기도가 통하고, 포럼을 나누는 영적 소통이 되는 지혜로운 부모가 되게 하옵소서.

3. 자녀 —부모, 지도자, 전도자와 통하는 제자로 서게 하옵소서 (출 20:12).

자녀는 여호와의 기업이요, 상급이요, 미래임을 고백합니다. 가정교육을 통해 언약이 각인되어 하나님을 아는 믿음, 하나님의 능력을 믿는 믿음, 하나님의 능력을 체험하는 믿음을 가지고 전도자의 모델이요, 후대 서밋으로 서게 하옵소서. 부모에게 순종하고 공경하여 주 안에 있는 기쁨과 땅에서 잘되며 말씀 성취의 증인이 되게 하사 부모의 기쁨이요, 교회의 자랑이요, 전도자의 자존심이 되게 하옵소서.

4. 가정(가문) —그리스도만 자랑하는 복음 명문가가 되게 하옵소서(행 16:31).

가정은 하나님이 주신 최고 축복의 보금자리임을 고백합니다. 가정을 통해 축복이 자녀와 가문에 전달되어 가족 포럼, 강단 포럼, 전도 포럼이 일어나게 하옵소서. 가족 간의 사랑 안에서 정서가 안정되며 부모의 삶을 통하여 참된 성공의 발판이 준비되게 하옵소서. 가문에 대물림이 되는 영적 문제가 복음을 통해 해결되어 세계 복음화에 대한 비전이 보이는 모델적인 가정이 되게 하옵소서.

이 모든 말씀을 예수 그리스도 이름으로 기도합니다. 아멘.

이 책의 저술을 마치면서

이 책을 쓰게 된 것은 전적인 하나님의 은혜입니다. 제가 책을 쓴 것이 아니라 하나님께서 책을 쓰게 하셨습니다. 그러므로 모든 영광을 하나님께 돌려드립니다. 이 작은 책의 주인공은 글쓴이가 아니라 예수 그리스도이십니다. 신앙생활의 기준은 성경이고 성경의 기준은 그리스도이십니다. 성경 66권이 그리스도에 관하여 증언하고 있습니다. "언약으로 본 창세기"는 처음부터 끝까지 예수 그리스도를 통해 이루지는 구원의 역사를 증언하고 있습니다. 창세기가 언약의 관점에서 보이면 구약, 신약, 교회사까지 보입니다.

창세기 50장을 통해 그리스도의 언약을 한(恨) 맺히게 전달했습니다. 이 언약이 전달될 때 개인과 민족과 세계가 살아나는 것을 창세기를 통해 보여주고 있습니다. 그 언약을 놓쳐서 약 400여 년 동안 애굽에 노예가 되었고, 400년 만에 복음(출 3:18)이 회복될 때 출애굽 하였습니다. 언약을 놓쳐서 70여 년 동안 바벨론에 포로가 되었고, 복음(사 7:14)이 회복될 때 70년 만에 포로에서 해방을 받게 되었습니다. 언약을 놓쳐서 약 250여 년 동안 로마의 속국이 되었고, 복음(마 16:16)을 회복한 초대교회를 통해 250년 만에 로마를 정복하게 되었습니다. 언약을 놓쳐서 1900여 년 동안 나라가 없어지고 유리방황하는 고통을 당하게 되었습니다. 이제 이스라엘이 복음을 회복하는 그날 세계복음화가 완성되고 그리스도께서 재림하시면서 세상 끝 날이 될 것입니다(마 24:14). 그날이 이루어질 때까지 신학교 강단에서 그리스도의 복음이 전달되면 건강한 목회자가 세워지고, 교회 강단에서 그리스도의 복음이 전달되면 건강한 성도들이 세워질 것입니다. 성도들이 그리스도의 복음을 전달하면 현장이 살아나게 되고, 하나님의 절대 계획인 세계복음화가 이루어질 것입니다. 이 언약을 붙잡고 골방에서 하나님의 보좌를 움직이는 기도를 시작합시다.

그리고 이 책을 읽는 독자와 후손들이 세계복음화의 대열에서 끝까지 쓰임 받아 생명의 면류관을 받는 전도자들이 되기를 그리스도이신 예수님의 이름으로 축복합니다. 아멘.